Joseph Kleutgen

Über die Verfolgung der Kirche in unseren Tagen

Drei Reden, gehalten zu Rom

Joseph Kleutgen

Über die Verfolgung der Kirche in unseren Tagen
Drei Reden, gehalten zu Rom

ISBN/EAN: 9783743339620

Hergestellt in Europa, USA, Kanada, Australien, Japan

Cover: Foto ©Lupo / pixelio.de

Manufactured and distributed by brebook publishing software (www.brebook.com)

Joseph Kleutgen

Über die Verfolgung der Kirche in unseren Tagen

Ueber

die Verfolgung der Kirche

in unseren Tagen.

Drei Reden,

gehalten zu Rom

von

Joseph Kleutgen,
Pr. d. G. J.

Bei Gelegenheit des päpstlichen Rundschreibens vom 8. December 1864 von Neuem gedruckt und mit einer Beilage vermehrt.

Mit Gutheißung der Obern.

Freiburg im Breisgau.
Herder'sche Verlagshandlung.
1866.

Unter den Feierlichkeiten, mit welchen in der Hauptstadt der Christenheit das Fest der Erscheinung des Herrn begangen wird, zeichnet sich ganz besonders der achttägige Gottesdienst in der Theatinerkirche St. Andrea della Valle aus. Er dauert jeden Tag von fünf Uhr Morgens bis sieben Uhr Abends fast ohne Unterbrechung fort, und drückt durch seine sehr passende Mannigfaltigkeit auf das Sprechendste die großartige Bedeutung des Festes, d. i. die Berufung aller Völker zu dem einen wahren Glauben aus. Er beginnt in der Frühe mit einer Anrede in italiänischer Sprache, gemeinsamem Gebete und dem heil. Meßopfer. — Nach mehreren stillen Messen folgt dann gegen zehn Uhr das Hochamt, abwechselnd in verschiedenen Riten. Außer dem lateinischen sieht man also hier fast jedes Jahr den griechischen, maronitischen, syrischen und armenischen Ritus; und gewöhnlich sind es Bischöfe dieser verschiedenen Länder, welche das Hochamt halten. Nach demselben folgt eine Predigt in deutscher, spanischer oder englischer

Sprache, hierauf die letzte stille Messe. Eine Stunde nach Mittag ist französische Predigt. Gegen drei Uhr wird der Rosenkranz gebetet, und nach demselben beginnt die Hauptpredigt in italiänischer Sprache. Auf diese folgt der feierliche Segen mit dem hochwürdigen Gute, und es sind die verschiedenen National=Collegien, das deutsch=ungarische, irländische, englische, schottische, die Propaganda, welche bei demselben am Altare erscheinen. — Nach Sonnenuntergang endlich werden noch einmal, jedoch nur die Männer, zu einer italiänischen Predigt, auf welche abermals der Segen mit dem Hochwürdigen ertheilt wird, versammelt.

Vincenz Palotta, ein durch hohe Tugend, unermüdlichen Eifer und seltene Gaben der Gnade ausgezeichneter Priester, ist der Gründer dieser Andacht; er war aber auch immer die Seele derselben. Wenn es im vorigen Jahre nicht möglich war, sie zu halten, so veranstaltete er sie in diesem mit um so größerem Eifer. Es war die letzte Anstrengung, mit der sein zum Himmel strebender Geist den Glauben, aus welchem er lebte, in den Herzen Aller zu wecken suchte. Seinem ohnehin schon geschwächten Leibe fast gar keine Erquickung gönnend, war er nicht nur jene acht Tage ohne Unterbrechung in der

Kirche beschäftigt, sondern brachte auch ganze Nächte im Beichtstuhle oder im Gebete zu. Wenige Tage nach dem Schlusse des Festes fiel er auf's Krankenlager, und am 22. Januar entschlief er, wie wir zuversichtlich hoffen, zum bessern Leben.

Die hier folgenden Predigten wurden am 6., 9. und 13. Januar gehalten.

Rom, im Jahre 1850.

Erste Rede.

Apertis thesauris suis obtulerunt ei munera, aurum, thus et myrrham.

Sie thaten ihre Schätze auf und brachten ihm Geschenke dar: Gold, Weihrauch und Myrrhe. Matth. 2, 11.

Obgleich die Gnade, welche Gott den Weisen des Morgenlandes erwies, groß und ewigen Lobes würdig, die Wunder aber, die er zu ihren Gunsten wirkte, ihn zu verherrlichen geeignet waren: so würde dennoch wohl die Kirche den heutigen Tag durch so besondere Feier nicht auszeichnen, wenn in dem Erscheinen jener Heiden an der Krippe des Erlösers nicht ein anderes tiefes Geheimniß verborgen wäre. Ihr kennt dies Geheimniß, geliebte Zuhörer, und wisset, daß Gott, indem er diese Fremden aus weiter Ferne nach Bethlehem führte, zeigen wollte, daß nun Jener geboren sei, der die Erwartung aller Völker war, in dem alle Geschlechter der Erde sollten gesegnet werden. Die Gnade, die er den drei Königen des Morgenlandes erzeigte, er hatte sie der ganzen Heidenwelt bereitet; und die Wunder, die er bei ihrer Berufung wirkte, sie sollten vergrößert und vervielfältigt alle Völker des Erdbodens zur Erkenntniß der Wahrheit führen. Denn das Reich des Gesetzes und der Furcht, das er durch Moses gestiftet, war auf das kleine Judenvolk beschränkt, das Reich der Gnade und der Wahrheit aber, das er in seinem Sohne gegründet, es sollte über den ganzen Erdkreis ausgedehnt werden. Das ist die Bedeutung des heutigen Tages: wir feiern ein Dankfest, daß Gott sein Reich, die Kirche Jesu Christi, unter uns gegründet hat.

Wenn wir nun immer und überall Ursache haben, dieses Fest mit großer Andacht zu feiern, mit welchem Jubel des Herzens müßten wir es dieses Jahr und an diesem Orte begehen! Denn außer der achttägigen Feier, die mit jedem Jahreswechsel wiederkehrt, bestimmt die Kirche viermal in jedem Jahrhundert ein ganzes Jahr, Gott für jene größte aller Wohlthaten mit besonderem Eifer zu danken; und ein solches Jahr, das zweite Jubeljahr des neunzehnten Jahrhunderts, haben wir eben begonnen. Wir haben es aber begonnen im Schooße jener Kirche, welche die Mutter aller andern ist, und befinden uns in der heiligen Stadt, von welcher aus Gott sein Reich auf Erden verbreitet, erhält und regiert. — Aber ach, wie wird gerade dieses Jahr und gerade an diesem Orte unsere Freude getrübt! Es sollten sich die Völker rings auf dem Erdkreise zur Jubelfeier rüsten, weil Gott sie zum Reiche des Sohnes seiner Liebe berufen; und sie sollten in frommem Eifer zu dieser heiligen Stätte pilgern, um aus dem Schatze seines Reiches, des Reiches der Gnade und Wahrheit, größere Gaben zu empfangen: aber siehe, noch hat der Kampf, den sie zur Vertilgung des Reiches Jesu Christi unternommen, nicht aufgehört; und noch ist vor unsern Augen der Gräuel der Verwüstung, den sie gerade hier an heiliger Stätte angerichtet haben, nicht hinweg genommen. Versetzet euch im Geiste in die Vergangenheit, in Zeiten, die nicht so unglücklich als die unsrigen waren. Wie sichtbar war damals die Erfüllung der Weissagung, die heute am Altare gesungen wird! Das jüdische Jerusalem sah dieselbe nur im Bilde, nämlich bei dem Erscheinen der morgenländischen Könige, in Erfüllung gehen; aber am christlichen Jerusalem, an dieser heiligen Stadt, wurde sie in voller Wahrheit erfüllt. Oder durfte man ihr nicht beim Beginne jedes Jubeljahres zurufen: „Mache dich auf Jerusalem, und werde erleuchtet; denn dein Licht ist gekommen und die Herrlichkeit des Herrn über dir aufgegangen. Es wandeln die Völker in deinem Lichte, und die Könige in dem Glanze, der dir aufgegangen ist. — Erhebe ringsum deine Augen und schaue, sie alle versammeln sich und kommen zu dir: deine Söhne kommen von ferne, und deine Töchter erheben sich von allen Seiten. Dann wirst du schauen deine Fülle, und dein Herz wird sich wundern und weit werden, wenn des Meeres Menge sich zu dir bekehret hat, und die Macht der Heiden zu dir gekommen ist" (Jſ. 60). — Wo iſt, meine Chriſten, dies herzerhebende Schauſpiel? Wir ſind eben in die zweite Hälfte unſeres Jahrhunderts eingetreten, aber kein Jubeljahr iſt uns verkündigt; der Hirt iſt von ſeiner Heerde getrennt, und die Pforte des Heiligthums nicht erſchloſſen [1]. Nämlich auch den Jammer der Zerſtörung hat dieſes Jeruſalem des neuen Bundes mit jenem des alten gemein, und wehklagend müſſen wir auch von ihm mit dem Propheten ſprechen: „Wie ſitzet einſam die Stadt, die ſo volkreiche! wie zur Witwe iſt die Herrſcherin der Völker geworden! Die Wege nach Sion trauern, weil keine ſind, die zum Feſte kommen. Ihre Prieſter ſeufzen, ihre Jungfrauen ſind ohne Schmuck. Denn der Herr hat wider ſie geredet ob der Menge ihrer Miſſethaten. Hinweg iſt von der Tochter Sions all' ihr Schmuck. Der Feind legte ſeine Hand an alles, was ſie Erwünſchliches hatte; ſie hat die Heiden in ihr Heiligthum dringen ſehen. O! ruft ſie, ihr alle, die ihr vorübergehet am Wege, gebet Acht und ſehet, ob ein Schmerz gleich ſei meinem Schmerze: denn der Herr hat Weinleſe an mir gehalten, wie er beſchloſſen am Tage ſeines grimmigen Zornes" (Klagl. 1). — So trauert — nicht die Menge der lau gewordenen Chriſten, ich weiß es wohl — aber der Geiſt der Kirche, der in den wenigen Getreuen lebt.

Aber iſt es denn wahr, Geliebte, ſind die Men=

---

[1] Jenes Thor der Peterskirche, welches nur im Anfang des Jubeljahres geöffnet wird.

schen nicht bloß gleichgültig gegen die Wohlthaten des Erlösers, hassen und verfolgen sie sogar das Reich, das er mit so vielen Wundern seiner Barmherzigkeit und Macht unter ihnen gestiftet? Ja, es ist wahr, eure Augen haben es gesehen: die Menschen hassen und verfolgen das Reich Gottes auf Erden. Doch siehe, ich füge noch hinzu: nicht nur hassen und verfolgen die Menschen das Reich Gottes auf Erden, sondern sie hassen und verfolgen in ihm gerade dasjenige, was ihnen die größte Ehrfurcht und Liebe einflößen müßte. Jesus Christus hat nämlich seiner Kirche gewisse Vorzüge verliehen, durch welche sie seiner, ihres himmlischen Bräutigams, würdig, zugleich aber auch in den Stand gesetzt ist, ihm zur Vollbringung seines großen Werkes, der Erlösung und Heiligung des Menschengeschlechtes, zu dienen. Nun aber sind es gerade diese Vorzüge, welche den Haß der Menschen wider sie entflammen. Wundert euch jedoch darüber nicht. Denn die Kirche theilt nicht nur in der Verfolgung, sondern auch in den Ursachen der Verfolgung das Schicksal ihres göttlichen Stifters. Oder ward nicht auch Jesus Christus eben deshalb gehaßt und verfolgt, weshalb er verdiente angebetet und geliebt zu werden? Ihr könnt dies aus dem Geheimnisse des heutigen Tages lernen. Denn nach der Erklärung der heiligen Väter wurden die Eigenschaften, wegen welcher die Weisen des Morgenlandes dem göttlichen Kinde huldigten, durch die Gaben, die sie ihm darbrachten, versinnbildlicht. Der Weihrauch deutete seine Gottheit, das Gold seine königliche Würde, die

Myrrhe seine des Leidens fähige Menschheit an: und eben weil sich heute der Herr zum ersten Male als Gott, König und Erlöser der Menschheit offenbarte, wird das Fest, welches wir feiern, die Erscheinung oder Offenbarung des Herrn genannt. Nun aber wisset ihr doch, daß es eben diese Eigenschaften waren, die unsern Herrn zum Gegenstand der wüthendsten Verfolgung machten. Oder wann sprach die Versammlung der Hohenpriester das schreckliche Wort aus: Er ist des Todes schuldig (Matth. 26, 66), wenn nicht damals, als Jesus feierlich erklärt hatte, daß er der Sohn Gottes sei? Was verfolgte aber Herodes in ihm, wenn nicht den neugebornen König der Juden, und was ließ Pilatus auf den Titel als die Ursache seines Todes schreiben, wenn nicht wiederum: Jesus von Nazareth, König der Juden? Die Juden also wollten seinen Tod, weil er sich zum Sohne Gottes, die Heiden, weil er sich zum Könige machte, in seiner leidenden Menschheit aber war er den Juden ein Aergerniß und den Heiden eine Thorheit (1 Kor. 1, 23). Nun aber gebet Acht; ich sage: der Herr hat diese seine Eigenschaften, insoweit es möglich war, seiner Kirche mitgetheilt, und auch die Kirche wird wie er ihrethalben gehaßt und verfolgt. Er hat in ihr eine göttliche Heilsanstalt gegründet, d. h. eine Anstalt, durch welche Gott auf Erden zum Heile der Menschen redet und wirkt; und deshalb fliehen und hassen sie die Menschen. Er hat aber auch gewollt, daß sie ihm in seiner Erniedrigung ähnlich sei, und Theil habe an seinem sühnenden Leiden; und darum verachten und verspotten sie die Menschen. Er hat sie endlich zur Königin bestimmt, die in seinem Namen über die Völker des Erdkreises herrsche, und darum ergrimmt man wider sie, und sucht sie zu vertilgen. Ein trauriges Schauspiel, die Menschen im Kampfe wider Gott, und zwar wider den sie erlösenden und heiligenden Gott zu sehen! Doch so betrübend die Wahrheit ist, die ich ausgesprochen, die Zeit, in der wir leben, scheint uns zu ihrer nähern Betrachtung nicht sowohl einzuladen, als zu zwingen. Ich werde also die eben angegebenen Gedanken den Vorträgen, die ich in diesen Tagen an euch zu halten berufen bin, zu Grunde legen, und heute damit beginnen, in der Kirche jene Eigenschaft einer göttlichen Stiftung, und in eben dieser Eigenschaft die Ursache, weshalb sie gehaßt und verfolgt wird, mit euch zu betrachten. Möge jener, der die Diener der Kirche zu Dienern seines Wortes gemacht hat, mit seiner alles vermögenden Gnade uns beistehen!

Was in dem Kinde Jesu verborgen, und durch die Gaben der morgenländischen Weisen nur bildlich angedeutet war, seine Gottheit und himmlische Sendung; das wurde in einem andern Geheimnisse, dessen Andenken wir ebenfalls heute feiern, in der Taufe des Herrn, von Gott selber dem ganzen Volke kundgemacht. „Sobald er," heißt es, „aus dem Wasser herauf stieg, sah er den Himmel offen, und den heiligen Geist wie eine Taube herabkommen, und über sich bleiben. Und eine Stimme erscholl vom Himmel: Du bist mein geliebter Sohn, an dir habe ich Wohlgefallen" (Marc. 1, 10). Indem hier der Vater in dem Menschen Jesus Christus jenen seinen geliebten, das ist nach dem Sprachgebrauche des Urtextes seinen einzigen Sohn, an dem er vollkommenes Wohlgefallen hat, anerkennt; erklärt er, daß in demselben die göttliche Natur mit der menschlichen zu Einer Person verbunden ist. Der heil. Geist aber, der das Band der Liebe zwischen Vater und Sohn ist, kommt sichtbar auf ihn herab, und bleibt über ihm, um anzuzeigen, daß er nun in Jesus Christus auch das Band zwischen Gott und den Menschen sein will. So sehet ihr also in Jesus Christus den Mittler zwischen Gott und den Menschen. Durch ihn tritt Gott in innigen Verkehr mit unserm Geschlechte, lebt unter uns lehrend, erlösend und heiligend. — Als aber die Stimme des Vaters auf dem Berge Tabor zum zweiten Male erscholl, da drückte sie zugleich das hohe Ansehen, das seinem Sohne auf Erden gebührt, aus: "Diesen sollt ihr hören" (Matth. 17, 5).

Lasset uns nun sehen, ob nicht Jesus Christus von seiner Kirche Zeugniß gegeben hat, wie der Vater von ihm. Er spricht zu jenen, die er zu Grundsteinen seines geistigen Gebäudes bestimmt hatte: "Nicht ihr habt mich erwählt, sondern ich habe euch erwählt; und ich habe euch gesetzt, daß ihr gehet und Frucht bringet und eure Frucht bleibe" (Joh. 15, 16). Erklärt er nicht dadurch, daß die Kirche nicht der Menschen, sondern Gottes Werk ist? Sie ist nicht entstanden, indem Menschen sich zu einer Religion, die sie ersonnen, vereinigten, und sich jemand, der ihren Absichten entsprach, zum Haupt und Führer wählten; sondern Gott hat seinen Sohn in die Welt gesandt, damit er in seinem Namen die Religion, die im Himmel bestimmt war, gründe, und zu diesem Zwecke aus allen Menschen jene, die er wolle, zu Werkzeugen wähle und bilde. Das ist die Stiftung der Kirche. — Es hat aber der Herr die Kirche, die er gegründet, mit sich auf das innigste vereinigt: „Ich bin der Weinstock; ihr die Reben," — sagt er an derselben Stelle, aus der die eben angeführten Worte entnommen sind. Wie die Reben vom Weinstock, der sie hervorbringt, all' ihr Leben und ihre Fruchtbarkeit empfangen, so die Kirche von ihrem göttlichen Stifter. Sie bildet, nach einer andern Stelle der Schrift, einen Leib, in dem Christus das Haupt ist (Eph. 4, 15); sie ist endlich die Braut, mit welcher der Sohn Gottes das keusche Geschlecht der Auserwählten erzeugt (Eph. 5, 25). Gleichwie also Gott in Jesus Christus sich mit der menschlichen Natur vereinigt, um durch sie mit den Menschen zu verkehren; also hat auch Jesus Christus die Kirche mit sich verbunden, um in ihr beständig unter den Menschen zu leben und zu wirken.

Von ihm also auch hat sie ihre Sendung, und die Vollmacht, die er von seinem Vater hatte, nämlich als Mittlerin zwischen Gott und den Menschen von der Wahrheit Zeugniß abzulegen, die Sünden zu vergeben, und die Gnade der Heiligung zu spenden. Oder erinnert ihr euch nicht jener seiner so nachdrucksvollen Worte: „Wie mich der Vater gesandt hat, so sende ich euch" (Joh. 20, 21)? Was diese Sendung in sich schließe, hat der Herr selber erklärt, da er sie vor seiner Himmelfahrt ausführlicher wiederholte. Zuerst drückt er die höchste Macht aus, die ihm verliehen worden: „Mir ist alle Gewalt gegeben im Himmel und auf Erden" (Matth. 28, 18). Mit dieser ihm verliehenen Gewalt bestellt er nun die Kirche zur Lehrerin der Völker: „Gehet also hin und lehret alle Völker"; — weiset sie an, im Namen des dreieinigen Gottes das Sacrament der Wiedergeburt, durch welches Sünder zu Gerechten und Knechte des Satans zu Kindern Gottes werden, zu spenden: „Und taufet sie im Namen des Vaters und des Sohnes und des heiligen Geistes"; — befiehlt ihr endlich, die Getauften zur Beobachtung seines hl. Gesetzes anzuleiten: „Und lehret sie alles halten, was ich euch befohlen habe." Und in allem diesem, das sie aus seinem Auftrage thut, will er mit ihr und in ihr wirken: „Und siehe, ich bin bei euch alle Tage, bis an's Ende der Welt."

Gleichwie aber er der einzige Mittler, so ist auch die Kirche, durch die er wirkt, die einzige Mittlerin; also daß nur der, welcher ihr sich unterwirft, Gnade vor Gott findet: „Wer glaubt und getauft wird, der wird selig werden; wer aber nicht glaubt, der wird verdammt werden" (Marc. 16, 10). — Wenn nämlich die Kirche von Gott ihre Sendung und Macht hat, so hat sie auch von Gott ihr Ansehen; und so wie der Vater vom Sohne sprach: Diesen sollt ihr hören! also betheuert der Sohn von denen, die er sich auserwählt: „Wer euch hört, der hört mich, wer euch verachtet, der verachtet mich" (Luc. 10, 16). Ja, er droht denen, die seine Kirche nicht hören, die größte aller Strafen; sie sollen behandelt werden, wie jene, die im Irrthum und in der Sünde frech und hartnäckig verbleiben: „Wer die Kirche nicht hört, der soll dir sein wie ein Heide und öffentlicher Sünder" (Matth. 18, 17). Wenn also die Kirche von Gott gegründet ist, wenn sie mit Gott in lebendiger Verbindung steht, wenn sie im Auftrag und Namen Gottes die Menschen lehrt, entsündigt, heiligt; wenn sie endlich für diese ihre Sendung mit dem höchsten Ansehen, dem keiner sich entziehen kann, ausgerüstet ist; so müssen wir gestehen, daß sie eine göttliche Heilsanstalt, daß sie das ist, was sie in der Schrift so oft genannt wird: **das Reich Gottes auf Erden.**

Doch wie die Gottheit und himmlische Sendung Jesu Christi verborgen waren, bis sie, da er sein öffentliches Lehramt beginnen sollte, bei seiner Taufe von Gott kundgemacht wurden; also ward auch die Kirche als göttliche Stiftung erst an jenem Tage offenbar, da die Jünger Jesu nach seiner Verheißung mit dem heil. Geiste getauft, und mit Kraft aus der Höhe angethan wurden. Sie waren aus Furcht vor den Juden verborgen, aber verharrten im Gebete. Da entstand am Tage des Pfingstfestes plötzlich ein Brausen, wie das Brausen eines gewaltigen Windes, und erfüllte das ganze Haus, in dem sie versammelt waren. Und siehe, der heil. Geist ließ sich in Gestalt feuriger Zungen auf alle nieder. Was nämlich die Kirche für Gott und im Namen Gottes auf Erden zu thun berufen war: das konnte sie auch nur vom Geiste Gottes erleuchtet und mit Gottes Kraft gerüstet vollbringen. — Jetzt also, da sie diese in Fülle empfangen hat, tritt sie an's Licht, und beginnt ihr großes Werk. Es waren in jenen Tagen viele Fremde „aus allen Nationen, die unter dem Himmel sind," in Jerusalem, und der herbeiströmenden Menge erklärt nun derjenige, den Christus zum Haupt und Grund seiner Kirche gemacht hatte, die Bedeutung dessen, was sie sehen und hören. Durch Zeichen und Wunder thue Gott vom Himmel kund, daß das lange versprochene Heil jetzt den Menschen gegeben, und die Zeit gekommen sei, in der jeder, welcher den Namen des Herrn anrufe, selig werde. Denn Jesus, der nach göttlichem Rathschlusse am Kreuze gestorben, durch göttliche Kraft aber von den Todten auferweckt sei, gieße, zur Rechten des Vaters sitzend, seinen Geist aus, daß er von ihm Zeugniß gebe, die Sünden der Menschen tilge und ihre Seelen heilige. Wer an ihn glaube, und auf seinen Namen sich taufen lasse, der werde Vergebung der Sünden und die Gnade des Geistes empfangen. — So kündigt sich die Kirche, sobald sie von Gott aus ihrer Verborgenheit an's Licht geführt wird, selbst in ihrem Haupte als eine Gemeinschaft an, die Gott gebildet, in der Gott sich offenbart, in der Gott zum Heile der

Menschen wirken will. Sie verbreitet sich nun bald über den Erdkreis, und bis unter den fernsten Zonen erschallt ihre Stimme; überall führt sie dieselbe Sprache, und hat sie auch im Laufe der Jahrhunderte nie geändert. Sie verspricht allen in ihrem Schooße Versöhnung mit Gott, aber nur in Kraft der Verdienste Jesu Christi, der in ihr lebt; sie verkündet den Völkern des Erdkreises, was sie als die von Gott geoffenbarte Wahrheit zu glauben haben, aber im heiligen Geiste; sie bringt das Opfer, sie spendet die gnadenreichen Geheimnisse des neuen Bundes, aber im Namen des dreieinigen Gottes.

Das ist die Sprache der Kirche: aber wie sie durch dieselbe der Weisung, die sie von Anfang erhielt, treu bleibet, also thut auch der Herr an ihr, was von den Aposteln geschrieben steht: „Sie predigten überall, und der Herr wirkte mit ihnen, und **bekräftigte ihre Rede durch darauf folgende Zeichen.**" (Marc. 16, 20.) Jesus Christus war nicht bloß durch die Herabkunft des heil. Geistes und die Stimmen vom Himmel, sondern durch viele andere unverkennbare Zeichen als der Sohn Gottes und Weltheiland geoffenbart worden. „Wir haben", spricht sein geliebter Jünger, „seine Herrlichkeit gesehen, die Herrlichkeit als des Eingeborenen vom Vater voll Gnade und Wahrheit" (Joh. 1, 14.) So nun, meine Christen, dürft ihr auch von der Kirche reden. Freilich könnte, um ihre göttliche Stiftung zu bewähren, genügen, daß der Sohn Gottes von ihr geredet, wie wir gehört haben, und daß er über sie seinen Geist auf sichtbare Weise aus=

gegossen hatte: aber er wollte, daß sie wie eine vom Glanze der Sonne bestrahlte Stadt auf dem Berge allen Völkern vor Augen liege; wollte, daß, wenn er komme die Welt zu richten, der Unglaube keine Entschuldigung finde. Darum also sollte jene seine Herrlichkeit fortwährend auch aus ihr hervorleuchten, und sie, oder vielmehr ihn in ihr, dem Menschengeschlechte offenbaren. — Und welches war die Herrlichkeit des Eingebornen, die der Apostel bezeugt gesehen zu haben? Zunächst jene unumschränkte Macht über die ganze sichtbare Natur. „Die Werke", spricht er selbst, „die ich thue, geben Zeugniß von mir, daß mich der Vater gesandt hat" (Joh. 5, 36); und noch vor Kurzem [1] haben wir betrachtet, wie vollgültig dieses Zeugniß war. Nun aber wollte der Herr, daß dasselbe auch seiner Kirche und zwar zu allen Zeiten zu Theil werde: er verlieh ihr die Wundergabe. Schon als er seine Apostel zuerst unter das Volk der Juden sandte, gab er ihnen Macht, die bösen Geister zu vertreiben, die Kranken zu heilen, die Todten zu erwecken. Als er sie aber aussandte, allen Völkern seinen Namen zu verkündigen, da erneuerte er sein Versprechen, daß sie im Glauben an ihn über alle Uebel der Erde, über Tod und Hölle Gewalt haben würden. (Matth. 10, 8.) Und so überschwänglich ist sein Versprechen in Erfüllung gegangen, daß die Kirche in jedem Jahrhunderte denen, die nach ihrer Abkunft forschen, die Antwort geben kann, die einst der Herr den Jüngern

---

[1] In einer andern Predigt nämlich.

des Johannes gab: „Gehet und verkündet dem Johannes, was ihr gehört und gesehen habt." (Matth. 11, 4.) Ja, die Kirche ladet alle, die zweifeln, ein: Kommet, eure Augen werden es sehen, und eure Ohren werden es hören. Wofern ihr nur nicht im Dünkel menschlicher Aufklärung jede Untersuchung von vornherein verschmähet, sondern vielmehr sorgsam prüft, die Zeugen hört, die Schriften durchforschet, alle Umstände erwäget: so werdet ihr gestehen müssen, daß in meinem Schooße, auf das Wort der Glaubensboten, die ich sende, am Grabe der Kinder, die ich ehre, auf das Gebet derer, die voll sind von meinem Geiste, rings auf dem Erdkreis die Blinden sehen, die Lahmen gehen, die Tauben hören, die Kranken gesund werden, die Todten auferstehen. Das ist die Herrlichkeit des Sohnes Gottes, die sich in der Kirche offenbart: doch wie strahlet dieselbe, indem ich der Kinder der Kirche erwähne, meinem Geiste noch viel leuchtender entgegen!

Sehet sie doch, Christen, diese eure Mutter, wie sie schon David im Geiste sah, zur Rechten des himmlischen Bräutigams dastehen, eine Königin, angethan mit goldenem Gewande und umgeben mit mannigfaltigem Schmucke. (Ps. 44, 10.) Was ist dies goldene Gewand, wenn nicht die heiligende Liebe, welche die Kirche allen ihren wahren Kindern einflößt? und was ist dieser mannigfaltige Schmuck, wenn nicht die verschiedenen Tugenden, in denen sich diese eine Liebe offenbart? Wohlan! wollt ihr Muster der Reinheit, so zeigt euch die Kirche nicht nur die große Schaar jener, die in frommer Abgeschiedenheit die Lilie der Unschuld unter den Dornen der Abtödtung bewahrten; nein, sie weist auch hin auf jene, die, im Schooße der Ueppigkeit erzogen, alle Künste der Verführung zu Schanden machten, und an den Höfen der Fürsten und Könige wie Engel im Fleische wandelten. Fraget ihr nach würdigen Früchten der Buße, so führt sie eurem Geiste das erschütternde Schauspiel der ägyptischen Wüste vor; erschließt die Klöster des Abend- und Morgenlandes, in denen Männer und Frauen jedes Standes für die Verirrungen vielleicht nur weniger Jahre ihr ganzes Leben sich zu allen Entbehrungen und Schmerzen verurtheilen. Wollt ihr die Erhabenheit christlicher Gesinnung in der Verachtung weltlicher Größe schauen, so nennt sie euch die Herrscher der Völker, die vom Throne in die Zelle der Mönche stiegen, und den Purpurmantel mit dem Bußgewande vertauschten; zeigt euch Königinnen in den Hütten, an den Krankenbetten, zu den Füßen der Bettler. Wollt ihr in der Religion jene Wohlthäterin erkennen, die auch das Elend unseres irdischen Daseins hinwegnimmt oder mildert, so zeigt euch die Kirche in allen Theilen der Welt, in denen sie ausgebreitet ist, die mannigfaltigen Stiftungen in welchen durch die sich opfernde Liebe so vieler Tausende ihrer Söhne und Töchter die Waisen Erziehung, die Kranken Pflege, die Sterbenden Trost, die Wanderer Erquickung, die Gefangenen Erlösung finden. Schätzt ihr aber, wie es billig ist, höher die Wohlthaten, die dem Geiste erwiesen werden, und die Barmherzigkeit, die Seelen errettet, nun so sind sie ohne Zahl, jene Söhne der Kirche, die vom Geiste der

Apostel erfüllt, und oft auch mit ihren Gaben gerüstet, allem, was das irdische Leben Reizendes bietet, entsagen, und alles, was es Mühseliges und Bitteres haben kann, umfassen, um die Segnungen des Reiches Gottes auf Erden zu verbreiten und zu mehren. — Nun aber diese Söhne und Töchter der Kirche, denen auch die ungläubige Welt ihre Verehrung nicht versagen kann, sie legen Zeugniß von ihrer Mutter ab. Alle ohne Ausnahme haben geglaubt und bekannt, daß sie die Braut des Allerhöchsten, das Reich Gottes auf Erden sei; haben für das Glück ihr anzugehören, Gott als für die größte aller seiner Wohlthaten gepriesen; haben es nie verhohlen, daß sie alle Gaben des Himmels durch ihre Vermittlung erlangt. Und wenn sie geschwiegen, so hätte ja längst vor ihnen der Sohn Gottes selber Zeugniß abgelegt. Von den wahren und falschen Propheten redend, spricht er: „An ihren Früchten werdet ihr sie erkennen." (Matth. 7, 20.) Welches sind nun die Früchte, die in Tausenden, in Millionen ihrer Kinder die Kirche hervorgebracht? Ihr habt sie zum Theile wenigstens vernommen: Unschuld, Buße, Verachtung der Welt, Barmherzigkeit, Seeleneifer. O das sind nicht Früchte, die von der Erde stammen! und wie hätte sie die Kirche erzeugen können, wenn nicht in der geistigen Vermählung mit Ihm, der allein der Geber der Enthaltsamkeit ist, der für die Sünden der ganzen Welt gebüßt, der, obgleich König der ewigen Glorie, sich für uns erniedrigt, der unsere Krankheiten getragen und unsere Schmerzen auf sich genommen, der sich die Seelen mit seinem Blute erkauft hat?

Doch nicht bloß einzelne Menschen, ganze Völker hat sie durch ihn für den Himmel wiedergeboren. Zwar fanden Millionen ihrer Bekenner unter tausendfältigen Martern den Tod; aber indem sie sich mit der Siegespalme zu ihrer im Himmel triumphirenden Mutter erhoben, haben sie die Reihen der auf Erden streitenden durch das Zeugniß, das sie ihr in ihrem Blute gaben, mit neuen Kämpfern gefüllt. Durch jede Niederlage stärker, streitet sie fort, und siegt. Sehet, wie jetzt die Weltbeherrscher, die Kaiser des Morgen= und Abendlandes, von ihren Händen sich das Joch Christi, des sanften und demüthigen Königs, auflegen lassen; wie sie die in alle Irrthümer und alle Laster der Heidenwelt versunkenen Völker zum Lichte der Erkenntniß, zur Anbetung des wahren Gottes, zur Verehrung und Uebung christlicher Tugend führt. Noch ein paar Jahrhunderte vergehen und barbarische Horden, aus dem fernsten Norden und Osten kommend, überschwemmen die Länder, in welchen die Kirche gekämpft und gesiegt hat. Sie zerstören das tausendjährige Reich, das sich stolz das ewige nannte, und nehmen von seinen Städten und Ländern Besitz. Aber unter seinen Trümmern geht die Kirche, unbezwingbar jeder feindlichen Gewalt, zu neuen Kämpfen hervor. Mit ihrer sanften Macht besiegt sie die Wildheit dieser Barbaren und wandelt sie durch jene Kraft, die ihr vom Himmel geworden, zugleich in christliche und gesittete Völker um. Nun bringen nach allen Seiten ihre Friedensboten bis in die Wohnsitze eben dieser Barbaren vor, und erweitern die Grenzen des Reiches Gottes im wörtlichen Ver=

stande von einem Meere bis zum andern. — Da ging sie in Erfüllung, die Verheißung die der Kirche gegeben war: „**Die Könige wandelten in ihrem Lichte, und die Völker im Glanze, der über ihr aufgegangen.**" (Isaias 60, 3.) Und diese Könige und Völker erkannten mit frohem Dankgefühle das Werk des erbarmenden Gottes, der sie aus der Gewalt der Finsterniß errettete, und in das Reich des Sohnes seiner Liebe versetzte. (Kol. 3, 13.) Sie strömten mit frommem Jubel zum neuen Jerusalem: „Kommt, laßt uns hinaufziehen zum Berge des Herrn, daß er uns lehre seine Wege. Denn von Sion geht das Gesetz aus, und das Wort des Herrn von Jerusalem." (Is. 2, 3.)

Ach, Christen, warum ruft auch hier aus der Betrachtung der Vergangenheit die Erinnerung an die Gegenwart unsern Geist so bald zurück? Oder müssen wir uns hier nicht daran erinnern, wie in den letzten Jahrhunderten und besonders in unsern Tagen, die Nachkommen eben jener Völker und so manche Thronfolger eben jener Fürsten von der Kirche sich lossagten, sie verachteten, ja sie haßten und befeindeten? Aber wie? liegt denn etwa die Kirche nicht mehr vor ihren Augen wie jene Stadt auf dem Berge, von der Herrlichkeit Gottes überstrahlt? Im Gegentheil, wenn jemals nach den ersten Zeiten, so hat sich Gott gerade in diesen letzten Jahrhunderten in seiner Kirche wunderbar erwiesen. Erinnert euch an die vielen heiligen Männer und Frauen, denen Gott die Fülle seines Geistes verlieh, daß sie das Angesicht der Erde er-

neuerten, und wie im Priesterstande so im Volke eine
staunenswerthe Umwandlung hervorbrachten; an einen
Karl Borromeo, Franziskus von Sales, Ignatius
Loyola, Vincenz von Paul, Alphons Liguori, und so
manche andere. Erinnert euch an die neuen Orden,
in denen alle Beispiele der heldenmüthigsten Tugenden
erglänzten; an andere, in denen der ursprüngliche
Eifer wieder belebt, und die erste Reinheit wieder
hergestellt wurde. Wisset ihr ferner eine Zeit, in der
jene Stiftungen der christlichen Barmherzigkeit so aus=
gedehnt, so zahlreich waren, als in der unsrigen? Und
hat nicht endlich Gott eben damals, als der Geist der
Kirche die Völker Europas, die ihr treu geblieben,
von neuem mit seiner heiligenden Kraft durchdrang,
das Licht der Wahrheit auch in der Finsterniß der
Heidenwelt leuchten lassen, und durch die Predigt und
die ebenso unläugbaren als zahllosen Wunder seiner
Glaubensboten ganze Völker Asiens, Amerikas, Afri=
kas mit der Kirche seines Sohnes verbunden? Was
ist es denn, das Fürsten und Völker gerade in solcher
Zeit antreibt, die Kirche so schnöde zu verachten, zu
schmähen, zu verfolgen? Haben sie ja doch von ihr
nicht bloß die himmlischen Gaben, sondern zugleich auch
alle Güter dieses Lebens, mit denen sie sich brüsten,
Gesittung, Reichthum, Macht und Ansehen, Kunst und
Wissenschaft empfangen! Freilich, aber o Christen,
bedenket, daß auch die Juden all' ihr zeitliches Glück
dem Sohne Gottes verdankten. Als er aber kam, um
ihnen das Himmelreich zu bringen, da ward er von
ihnen, obgleich sie seine Herrlichkeit sahen, verworfen,

geläſtert, an's Kreuz geſchlagen. Dieſer dem Reiche Gottes widerſtrebende Geiſt der Welt hat nun auch in den chriſtlichen Völkern überhand genommen. Sie ſind demſelben durch den freveln Mißbrauch der irdiſchen Güter, die ihnen Gott verliehen, nach und nach wieder anheim gefallen, und von ihm beherrſcht und getrieben, zürnen ſie der Kirche eben deshalb, weil in ihr Gott ſich ſo glänzend offenbart. —

Wenn ich ſage, daß man die Kirche eben darum haßt, weil ſie eine Anſtalt iſt, durch welche Gott auf Erden wirkt; ſo ſchließt das eine noch viel ſchrecklichere Wahrheit in ſich, nämlich, daß man die Kirche haßt, weil man Gott haßt. So grauenvoll es euren Ohren klingen mag, es iſt nur zu wahr: man haßt die Kirche, weil man Gott haßt. Und nicht ich bin es, der euch dieſes ſagt, es iſt Chriſtus, die ewige Wahrheit ſelber. Als er den erſten Vorſtehern ſeiner Kirche ihre Sendung ertheilte, ſagte er ihnen nicht nur vorher, daß ſie würden gehaßt und verfolgt ſein, ſondern auch daß ſie es ſeinetwegen ſein würden. „Ihr werdet", ſpricht er, „von allen gehaßt werden um meines Namens willen." (Matth. 10, 22.) Und an jenem Abende, da er die größten Geheimniſſe ſeines Reiches eingeſetzt, und die Jünger mit der Spendung derſelben beauftragt hatte, wiederholte er ihnen dieſelbe traurige Weiſſagung. „Wenn die Welt," ſagt er, „euch haßt, ſo wißt, daß ſie mich vor euch gehaßt hat. Wäret ihr von der Welt, ſo würde die Welt das Ihrige lieben; weil ihr aber nicht von der Welt ſeid, ſondern ich euch aus der Welt auserwählet habe, darum haßt euch die Welt." (Joh. 15, 18.) Wozu aber hatte Christus seine Jünger aus der Welt auserwählt, wenn nicht daß sie durch die Predigt des Wortes und die Spendung der Geheimnisse des Heiles die Menschen von der Sünde erlösten und heiligten? Das also ist der wahre Grund, wenn anders ihr dem Herrn selber glaubet, weshalb die Welt die Kirche haßt. Und darum heißt es weiter: „Haben sie mich verfolgt, so werden sie auch euch verfolgen"; — das ist: der Haß, mit dem sie mich, ihren Heiland, von sich stoßen, ja zu vertilgen suchen, wird sie auch antreiben, eure Vertilgung zu suchen. „Sie werden euch all dies Böse zufügen um meines Namens willen"; das heißt, weil ihr von mir bevollmächtigt, und zum Werke, das ich vollbringen will, gesendet seid. Und nun endlich folgen die erschütternden Worte: „Wer mich haßt, der haßt auch meinen Vater." Oftmals habt ihr die Frage gehört, vielleicht auch selbst gestellt: Woher doch allüberall so große Stürme wider die Kirche? und welcher Geist treibt die Menschen zu ihrer Befeindung so beharrlich und so unermüdlich an? Sehet nun diese Frage beantwortet, und, wenn ich so sagen darf, das Geheimniß der Mächte der Finsterniß von der Weisheit Gottes beleuchtet: **Man haßt die Kirche, weil man Christus haßt, und man haßt Christus, weil man Gott haßt.**

Müßten wir dieses bloß von einzelnen Verfolgungen der Kirche, und nur von einem Theile ihrer Feinde sagen, so würden unzweideutige Thatsachen und offene Geständnisse jede Beweisführung überflüssig machen.

Ihr wißt es, am Ende des vorigen Jahrhunderts hat eine Nation, die so viele Jahrhunderte ihren Ruhm darein setzte, die erstgeborene Tochter der Kirche im Abendlande zu sein, wider eben diese Kirche einen grauenvollen Kampf begonnen. Aber hat sie nicht, nachdem sie die Diener der Kirche vertrieben oder zum Tode geführt, auch von Christus und seiner Religion sich feierlich losgesagt? hat sie nicht bald darauf Gott selber verläugnet, und ihm zum Hohne im eigentlichsten Sinne das Laster auf die Altäre gesetzt? — Welche Sprache aber führen heutzutage, besonders in unserm unglückseligen Vaterlande, die thätigsten Feinde der Kirche? Was ehemals die Gottlosen, welche sich zu ihrer Vertilgung verschworen, kaum in vertrauten Briefen oder geheimen Zusammenkünften auszusprechen wagten, das wird jetzt vor aller Welt mit lauter Stimme verkündigt. Der Kampf, den man gegen Kirche und Priester führe, gelte Jesu Christo und seinem Reiche auf Erden. Er sei es, der durch seine lügenhafte Religion die Menschen um die Erkenntniß ihrer Würde und den Genuß ihrer Rechte bringe. Von ihm also müsse sich die Menschheit wie von ihrem größten Widersacher lossagen, und den Gott verläugnen, den er lehre. Denn so lange auf Erden der Glaube an einen heiligen und gerechten Gott, und ein von ihm gegebenes Gesetz bestehe; könne der glückselige Zustand, der den Menschen bestimmt sei, durch keine Anstrengung herbeigeführt werden. Das ist die Lehre, welche in unsern Tagen bei öffentlichen Gelagen verkündigt, in Büchern auf's Weite und Breite erklärt, in Zeitschriften und fliegenden Blättern fast täglich wiederholt, in Liedern gesungen wird. Dahin ist es also gekommen, daß die Kirche inmitten der Völker, die sie mit den Segnungen des Himmels beglückt hat, als ein Reich des Satans verfolgt; daß Jesus Christus von denen, welchen er die Früchte seines Todes, Licht, Heil und Leben mit zuvorkommender Güte geschenkt, so gräßlich gelästert; daß Gottes Majestät dort, wo sie Jahrhunderte hindurch so erbarmungsvoll gewirkt, mit frechem Hohne verachtet wird!

Immerhin mag es euch trösten, daß die Zahl derer, welche auf diese Weise die Vorhersagung Christi mit vollem Bewußtsein dessen, was sie thun, erfüllen, nicht groß sei; aber was soll uns trösten, wenn ohne Zahl die Menge derer ist, an welchen sich jener Ausspruch des Herrn, ohne daß sie es selber klar erkennen, bewährt? Nämlich ohne Zahl sind in unsern Tagen die Feinde der Kirche; von allen aber ist es wahr, daß sie die Kirche deshalb hassen, weil in ihr Gott sich offenbart, und für das Heil der Menschen wirksam ist. Wäre dem nicht so, warum eiferten sie denn gerade gegen das am heftigsten, worin diese Offenbarung und Wirksamkeit Gottes am meisten sich kundgibt? Als eine menschliche Gesellschaft möchten sie die Kirche, als göttliche Stiftung ist sie ihnen unerträglich; sie widerstreben jenen Lehren nicht, die auch die Vernunft beweisen und begreifen kann, aber sie zürnen wider den Glauben an geoffenbarte Geheimnisse; sie mißbilligen die religiösen Gebräuche nicht, sofern es bloße Zeichen göttlicher Liebe und Huld seien, aber sie verhöhnen als Thorheit, und bekämpfen als Irrthum, daß Gott durch diese Zeichen in unserer Seele wirke, ja daß von ihnen die Vergebung der Sünden und die Heiligung des Lebens abhange. Was heißt das aber anders, als sie wollen nicht Feinde Gottes, aber auch mit ihm in keinem lebendigen Verkehre sein? Der Glaube an das Dasein Gottes stört sie nicht. Es mag immer ein Gott sein, aber er soll fern, fern von ihnen in seinem Himmel bleiben; auf Erden, da wollen sie schalten und walten, wie sie es verstehen, und seine Dazwischenkunft soll sie nicht stören. Ein Reich Gottes auf Erden wollen sie nicht, und rufen dem Herrn mit den Juden zu: „Laß ab von mir und komme mir nicht zu nahe!" (Is. 65, 5.)

Aber, entgegnet ihr, dies alles sagen und thun sie aus Unglauben und Unwissenheit. Sie verfolgen die Kirche, weil sie nicht glauben, daß sie die göttliche Anstalt sei, für welche sie sich ausgibt. Freilich, Geliebte; aber habt ihr vergessen, daß auch die Juden von Christus nicht sagten: „Er ist des Todes schuldig, weil er Gottes Sohn ist," sondern: „weil er sich zu Gottes Sohne macht"? Auch sie glaubten nicht, daß er der sei, wofür er sich ausgab, denn sonst hätten sie nimmer den Herrn der Herrlichkeit gekreuzigt. (1 Kor. 2, 8.) Nichtsdestoweniger sagte der Heiland, daß sie keine Entschuldigung hätten, und daß sie ihn nur darum verfolgten, weil sie Gott seinen Vater haßten. Er führt aber für ein so strenges Urtheil zwei Gründe, seine Lehre und seine Werke, an. „Wenn ich," spricht er, „nicht gekommen wäre und nicht zu ihnen geredet hätte, so hätten sie keine Sünde; nun aber haben sie keine Entschuldigung für ihre Sünde." (Joh. 15, 22.) Seine Lehre nämlich war so rein und heilig, sie stimmte so vollkommen mit der Stimme Gottes im Gewissen und mit seiner Offenbarung im alten Bunde überein, daß nur ein böses und gegen Gott selber feindseliges Herz ihr widerstreben konnte. Darum also sagt er: „Wer mich, mich nämlich, der ich solches lehre, haßt, der haßt auch meinen Vater." — Es ist wahr, seine Lehre enthielt auch Geheimnisse, die der Vernunft räthselhaft und im alten Bunde nicht geoffenbart waren; aber diese empfingen durch die Wunder des Herrn vollkommene Glaubwürdigkeit. Die Wunder sind, wenn ich so sagen darf, die Stimme des sich offenbarenden Gottes; und es war unmöglich, daß die Juden bei der Menge und Größe der Wunder Jesu diese Stimme nicht vernommen hatten. Wenn sie also dennoch Jesus und seine Lehre verwarfen, so verwarfen sie zugleich den sich ihnen wunderbar offenbarenden Gott. Sprachen sie ja selber, wider den Herrn im Rathe versammelt: „Was sollen wir thun? dieser Mensch wirkt viele Wunder" (Joh. 11, 47). Es leuchtete ihnen also das Licht, in dem sie Christus als den Sohn Gottes und wahren Messias hätten erkennen können; aber sie verschlossen diesem Lichte boshaft ihre Augen. Sie wollten nicht prüfen, damit sie nicht glauben müßten; mit erbittertem und unruhvollem Herzen sprachen sie über den Herrn das Urtheil, daß er ein Betrüger sei. So blieben sie in der Finsterniß ihrer Unwissen=

heit und ihres Unglaubens, weil sie wollten. „Das aber," spricht der Herr, „ist das Gericht, daß das Licht in die Welt gekommen ist, und die Menschen die Finsterniß mehr lieben als das Licht." (Joh. 3, 19.) Und weshalb? Höret: „Denn ihre Werke sind böse. Jeder aber, der Böses thut, haßt das Licht, und kommt nicht an das Licht, damit seine Werke nicht gerügt werden." Die Feinde Jesu liebten die Welt und ihre verbotenen Lüste: sie täuschten aber das Volk mit einem Scheine von Tugend und Heiligkeit. Die reine Lehre Jesu entlarvte sie; sie wollten nicht vor sich und den Menschen als Sünder dastehen. Was war also der letzte und wahre Grund ihres Hasses gegen Christus? Ihre Liebe zur Welt und ihre Anhänglichkeit an der Sünde. Wer aber aus Liebe zur Welt Gott widerstrebet, der haßt und verachtet Gott.

Braucht es nun aber noch vieler Worte, um euch zu überzeugen, daß der Sohn Gottes durch jene seine Aussprüche auch über die Feinde seiner Kirche das Urtheil schon gefällt hat? Die Lehre der Kirche ist so rein und heilig, als die Lehre Jesu Christi; denn es ist dieselbe. Und die Kirche muß mit ihm von ihren Feinden sprechen: „Wenn ich nicht zu ihnen geredet hätte, so hätten sie keine Sünde: nun aber da sie die reine, die himmlische Lehre vernommen, und dennoch mich verfolgen, haben sie keine Entschuldigung für ihre Sünde: Wer mich haßt, der haßt Gott, der mich gesandt hat." Sie darf und muß aber auch mit ihm fortfahren: „Wenn ich nicht die Werke unter ihnen gethan hätte, die kein anderer gethan hat, so hätten sie keine Sünde: nun aber haben sie diese ge=

sehen, und hassen doch mich, und den, der mich gesandt hat." Denn, meine Christen, die Werke, die Gott durch seine Kirche auf Erden gethan hat, sie sind so groß, und in ihrer Größe so zahlreich, daß sie vor den Augen ihrer Feinde nicht können verborgen bleiben. Aber auch diese verschließen, wie die Juden, ihre Augen dem Lichte; sie wollen nicht prüfen, damit sie nicht glauben müssen; — damit sie — was nicht glauben müssen? daß Gott es ist, der in der Kirche sich offenbart und wirkt. Denn was offenbart er in ihr, wenn nicht das Gesetz des Geistes und der Heiligkeit? und was wirkt er durch sie, wenn nicht die Umschaffung des Menschen nach diesem Gesetze? Ja, zur Ewigkeit ruft die Kirche, und alles, was sie thut und lehrt, zielet nur dahin, daß wir mit unsrer ganzen Seele nach den himmlischen Gütern streben, und die Erde mit ihrer falschen Lust und ihrem falschen Prunk verachten. Aber jene Menschen, von denen wir reden, sind auf nichts bedacht, als diese Welt zu genießen; und was sie in der menschlichen Gesellschaft mit nie ruhendem Eifer zu Stande bringen möchten, es zielt nur dahin, diese Genüsse zu vermehren und zu sichern. Können sie also ertragen, daß jene ihre Genüsse vor dem Gesetze Gottes als unrein und verwerflich verurtheilt werden? daß jene ihre Unternehmungen, an welche sie alles setzen, und für welche sie sich alles erlaubt wähnen, vor eben dem Gesetze als eitel und geringfügig, oft aber auch als frevelhaft erscheinen? müssen sie nicht zürnen, daß sie im Geiste, in der Lehre und dem Wirken der Kirche das eine große und unüberwindliche Hinderniß ihrer Bemühungen finden? Ja, sie zürnen, die Unglückseligen; aber indem sie in diesem ihrem Zorne die sich ihnen offenbarende Wahrheit mit Gewalt zurückdrängen, rufen sie wie jene Gottlosen im Buche Job (21, 14.) dem Herrn entgegen: „**Gehe weg von uns; die Erkenntniß deiner Wege wollen wir nicht.** Wer ist der Allmächtige, daß wir ihm dienen sollen, und was nützt es uns, wenn wir zu ihm beten?"

Aber wird denn der Mensch Gott ungestraft verachten? Ach Christen, wer sollte bei dieser eurer Frage nicht mit Job (21, 6.) ausrufen: „Wenn ich daran denke, schaudre ich, und Zittern durchbebt mein Fleisch." Denn nicht bloß von seiner Zeit sprach der Apostel: „**Es offenbaret sich der Zorn Gottes vom Himmel über alle Gottlosigkeit und Ungerechtigkeit der Menschen, welche die Wahrheit Gottes in Ungerechtigkeit niederhalten.**" (Röm. 1, 18.)

Vielleicht erwartet ihr hier, daß ich zu euch von den Krankheiten rede, die verheerend so viele Länder durchziehen; von den Kriegen, in welchen Bürger wider Bürger streitend Ströme von Blut vergießen; von der Zerrüttung und Verwirrung aller Verhältnisse des geselligen Lebens. O, es mag immerhin sein, daß diese Uebel, die wir schon dulden, die Vorboten oder der Anfang eines größern göttlichen Strafgerichtes seien! sie mögen Beweise sein, daß der Herr das Schwert seines Zornes gezückt, und den Bogen seines Grimmes gespannt hält. Aber von größeren Strafen, als von Pest und Krieg und Hunger, redete der Apostel, und wehe den Völkern, die ihnen von neuem verfallen sind! Furchtbar, aber gerecht ist der Zorn des Herrn. In dem Maße, als die christlichen Völker das Licht und Heil, das Gott ihnen gab, von sich stießen, sind sie der Finsterniß und dem Verderbniß des Heidenthums wieder anheimgefallen.

Gott hatte sich ihnen nicht bloß in der Schöpfung, sondern auch in seinem menschgewordenen Sohne geoffenbart: und „was unsichtbar an ihm ist, es ist ihnen" nicht nur „in den erschaffenen Dingen," sondern in so vielen Wundern seiner Allmacht „kennbar und sichtbar geworden. Aber sie haben ihn, da sie ihn erkannten, nicht verherrlicht noch ihm gedankt, und darum sind auch sie eitel in ihren Gedanken, und ihr unverständiges Herz ist verfinstert worden." O, wie hat sich diese Finsterniß von neuem über die Erde verbreitet! wie dehnt der Geist des Unglaubens, dem sich die christlichen Völker ergeben, seine dunklen Fittige so weithin über sie aus! wie gebiert er unter ihnen, was er in der Heidenwelt gebar, Irrthum und Sünde! — Was immer jene Heiden, welche, „da sie sich für Weise ausgaben, zu Thoren geworden waren," über Gott und des Menschen Bestimmung, über Tugend und Laster gelehrt haben, und mochte es noch so unwürdig und niedrig, so schändlich und lasterhaft, so spitzfindig und lächerlich, so gottlos und abenteuerlich, so schwärmerisch, und ich möchte sagen, so wahnwitzig sein; es ist von jenen, die unter den Völkern Europas sich als Lehrer der Weisheit erhoben haben, nicht bloß wieder=

holt, sondern überboten worden. Zu allen Zeiten sind unter den Christen Menschen aufgestanden, welche die Weisheit der Welt der Weisheit Gottes entgegenstellten; aber das ist das eigenthümliche Uebel unserer Zeit, das der Fluch Gottes, der sie getroffen, daß diese Lehrer des Irrthums in ihr das Uebergewicht bekommen haben, und sich nicht nur für Weise ausgeben, sondern auch für Weise gehalten werden. Sie haben Schüler fast ohne Zahl, und in ihnen nicht müßige Bewunderer, sondern rührige Werkzeuge zur Verbreitung der Lüge gefunden. Und sie ist verbreitet, die Lüge, unter tausendfältiger Form durch alle Stände verbreitet. Ist es denn Uebertreibung, wenn ich sage, daß die Menschen, welche noch an die göttlichen Wahrheiten glauben, nicht nur unter den Gelehrten, sondern unter allen, die irgend einen Unterricht über die Kinderschulen hinaus empfangen haben, selten sind? Was aber soll ich von den Massen der Völker sagen? Mag es immerhin dem Geiste der Finsterniß, dem Vater der Lüge, noch nicht gelungen sein, dieselben wieder dahin zu bringen, daß sie „die Herrlichkeit des unvergänglichen Gottes mit den Bildern des vergänglichen Menschen und des unvernünftigen Thieres vertauschten"; aber das ist ihm gelungen, daß in diesen Massen der Völker das Licht der Wahrheit zum größten Theile erloschen, und mit ihm die Verehrung Gottes fast ganz verschwunden ist. O, es war die größte Wohlthat des erbarmungsvollen Erlösers, daß einstens jenes Licht, worin die Menschen das Heil, das er ihnen bereitet, erkannten, weit und breit über die Völker ausgegossen war; und daß auch die Geringen und Kleinen über jene göttlichen Geheimnisse, welche die weisesten unter den Heiden nicht ahndeten, erleuchtet waren: — und ihr erkennet darin nicht das Strafgericht des verachteten Erlösers, daß in unsern Tagen in allen großen Völkern Europas nicht Tausende, sondern Millionen, viele Millionen ohne die geringste Kenntniß der göttlichen Dinge aufwachsen, leben und sterben? Ach, ihr höret dies gewiß heute nicht zum ersten Male; aber meine Christen, habet ihr je ernstlich erwogen, wie furchtbar es ist, christliche Völker zum Heidenthume zurückkehren zu sehen? Das ist aber das Schauspiel, das uns vor Augen liegt; und wir müssen fast wieder mit dem Propheten ausrufen: „**Finsterniß bedecket den Erdkreis und Dunkel die Völker!**" (Js. 60, 2.)

O, der Verirrung! aber auch o der schweren Schuld! sie haben in ihrem bösen Sinne die Wahrheit Gottes mit der Lüge vertauscht; darum hat sie Gott ihrem thörichten Herzen, und nicht bloß diesem, sondern auch „ihren schändlichen Lüsten überlassen". Wer schaudert nicht, wenn er von den christlichen, ach nicht mehr christlichen Städten und Völkern hört, was kaum in der Heidenwelt erhört war! wer schaudert nicht wieder und wieder, wenn ihm die ekle Erfahrung in der Nähe traurige Beweise für die Wahrheit der Berichte aus der Ferne liefert? O schreckliches Strafgericht, das Gottes Zorn über die Feinde seiner Kirche verhängte! — Sie wollten die Wahrheit nicht aus seiner Offenbarung in ihr kennen lernen, und sie sind von der Nacht des

Irrthums und der Unwissenheit umhüllt worden! sie wollten das Heil nicht, das er in ihr ihnen bot, und sie liegen in ihren Lastern und Sünden begraben! Ja, auch „sie sind ihrem verwerflichen Sinne überlassen, zu thun, was sich nicht geziemt, und haben in den Schändlichkeiten, die sie üben, den Lohn, der ihnen gebührt, empfangen." Wenn sie auch möchten, sie können diese ihre Schande nicht verbergen. Auf manche Weise und an vielen Orten gibt sie sich, trotz ihres Widerstrebens, kund: aber wo immer ihre Partei durch List und Gewalt die Oberhand gewinnt, so daß sie von keiner Obrigkeit mehr gezügelt wird, da offenbaren sie vor der ganzen Welt, wie sie gleich jenen Heiden „**voll sind jeglicher Schlechtigkeit, Bosheit, Unzucht, Habsucht, Mord und Arglist, hoffärtig, erfindsam zum Bösen, den Eltern ungehorsam, vernunftlos, unbändig, lieblos, treulos, unbarmherzig.**"

Sehet da den Menschen, wenn er von Gott, dessen Wohlthaten er verachtete, sich selbst überlassen wird! sehet da die Strafe, von der ich sagte, daß sie furchtbarer ist, als Pest und Hunger und Krieg! Aber sehet und erkennet auch hierin von neuem den Geist, welcher der Kirche widerstrebt. Seine Früchte offenbaren seine Natur: o, wie abscheulich muß sie sein!

Doch genug. Was bleibt mir übrig, als euch zu warnen, und bei dem Heile eurer Seelen zu bitten und zu beschwören, daß ihr wachsam seiet in heiliger Klugheit, und wider die Verführung der Gottlosigkeit mit dem Gebete des Glaubens eueren Sinn und euer

Herz beschirmet. Denn, geliebte Zuhörer, der böse Geist, von dem wir reden, er wäre weniger zu fürchten, wenn er euch bloß mit jenen seinen Schrecken und Gräueln umgäbe. Aber er sucht sich euch zu nähern mit Arglist und Betrug. O, auf wie mannigfaltige Weise verbirgt er das Innere des reißenden Wolfes unter dem Aeußeren des sanftmüthigen Lammes! Seid also behutsam, seid standhaft, daß euch der gleißnerische Schein nicht betrüge, und die süßen Worte nicht bethören. Gott hat euch ein untrügliches Mittel, vor seinen Künsten euch sicher zu stellen, gegeben: haltet fest an der Kirche seines Sohnes! Unterrichtet euch mit größerer Sorgfalt in allen ihren Lehren, und erwecket in euch immer mehr festen und lebendigen Glauben an dieselben. Nahet euch den Geheimnissen, die sie spendet, mit Eifer und Ehrfurcht; achtet und übt mit ihr ihre heiligen Gebräuche. Trachtet ihren Geist in ihrer Lehre und in allem ihrem Wirken mehr und mehr kennen zu lernen und euch mit demselben ganz zu durchdringen, und Gott wird euch mit ihr von dem Irrthume und der Sünde erretten.

O ja, Christen, sie, die Kirche ist es, auf die euer Gott und Heiland euch hingewiesen hat. „Wir haben ein festes prophetisches Wort, und thun wohl, darauf zu achten, wie auf ein Licht, das da scheinet an einem dunkeln Ort" (2 Petr. 1, 19). In ihr leuchtet die Wahrheit, die alle Fragen unseres Geistes trostvoll und befriedigend löst; in ihr spendet Gott die himmlische Kraft, die alle Schwächen und Krankheiten unseres Herzens heilt. Ach, wolltet ihr sie verlassen, um in dem Labyrinthe menschlicher Klügelei zu irren, wo Alles so verworren, so dunkel, so trostlos, so leer und unbefriedigend ist? wo jede Quelle des Heiles versiegt, und alle Keime des Verderbens, die im menschlichen Herzen liegen, wuchernd emporwachsen? O das sei ferne, daß ihr vom Geiste Gottes abfallet zum Geiste der Welt! Denn er ist derselbe, den unser Herr den Vater der Lüge und den Mörder von Anbeginn genannt hat. Sein Anhang ist groß: aber er wird zu Schanden werden; wohl denen, die ihm widerstreben, und an jenen mit Herz und Sinn sich angeschlossen haben, der voll Gnade und Wahrheit, der das Leben selber ist, Jesus Christus, hochgelobt in Ewigkeit. Amen.

Zweite Rede.

Praedicamus Christum crucifixum, Judaeis quidem scandalum, gentibus autem stultitiam.

Wir predigen Christum, den Gekreuzigten, der den Juden ein Aergerniß und den Heiden eine Thorheit ist. 1 Kor. 1, 23.

Wenn unser Herr und Heiland, wie wir in der vorigen Predigt betrachtet haben, die Kirche zu einer Anstalt machte, in welcher sich seine Gottheit fortwährend auf Erden offenbart; so wollte er doch nichtsdestoweniger, daß sie auch an dem schmachvollen Leiden, dem er sich in seiner Menschheit unterwarf, reichlichen Antheil habe. Es sollten in ihr die Merkmale göttlicher Herkunft und Sendung erglänzen; aber sie sollte auch sowohl durch die Demuth der Buße, der sie sich selbst unterzöge, als durch die Verfolgung, die sie von ihren Feinden erduldete, als Braut des sich selbst entäußernden und gekreuzigten Erlösers erscheinen.

Nun ist es zwar wahr, daß die Schmach des Kreuzes den Glanz der Gottheit nicht verdunkelt, daß vielmehr die göttliche Weisheit und Allmacht Jesu gerade in seiner Erniedrigung am glänzendsten sich kund geben; aber nicht dem bloß menschlichen Sinne, sondern dem Glauben, und zwar dem vollen und kräftigen Glauben. Gleichwie also der Gekreuzigte selbst, so ist auch die mit ihm gekreuzigte Kirche, wenn wir sie mit den Augen des Glaubens betrachten, voll göttlichen Lichtes und göttlicher Kraft; denen aber, die kein Auge, als das des Fleisches haben, eine Thorheit oder ein Aergerniß.

Denn auf doppelte Weise, geliebte Christen, ist die Kirche das getreue Nachbild des gedemüthigten und leidenden Erlösers. Sie bekennt sich erstlich zur Lehre der Demuth, indem sie „das Wort des Kreuzes" zu dem ihrigen macht; und ahmt ihm zufolge das Leben der Buße und Selbstverläugnung des Sohnes Gottes getreulich nach. Darin nun erscheint sie den Kindern der Welt eine Thörin; eine Thörin jedoch, die nicht bloß Verachtung, sondern auch Haß und Zorn erregt. Indem sie aber deshalb bald dem Spotte, bald auch den wilden Ausbrüchen des ihr feindlichen Geistes ausgesetzt ist, und unter seiner Wucht nicht selten das Aeußerste erduldet: wird sie in diesem ihrem Leiden, durch das sie am vollkommensten das Bild des Gekreuzigten an sich trägt, so manchen Kleinmüthigen ein Aergerniß, sieht sich wie der göttliche Mittler von den Ihrigen verläugnet und verlassen. Aber derjenige, welcher durch das Kreuz gesiegt, hat auch ihr im

Kreuze Siegeskraft verliehen, so daß sie „die Abtöd=
tung Jesu an ihrem Leibe trägt, damit auch das Leben
Jesu an ihr offenbar werde" (2 Kor. 4, 10).

Dieses also sind die beiden Wahrheiten, die ich
heute mit euch erwägen werde: die Kirche ist dem
Heiland ähnlich in der Buße und Selbstverläugnung,
und dadurch dem Unglauben eine Thorheit; sie ist ihm
ähnlich in seinem bittern Leiden und Sterben, und
deshalb dem schwachen Glauben ein Aergerniß. Möge
der Herr uns sein Licht verleihen, damit sie uns in
beiden Gottes Kraft und Gottes Weisheit sei!

Der Sohn Gottes, ihr wißt es, meine Christen,
hat die Natur des sündigen und sterblichen Menschen
angenommen, damit er, für ihn büßend und für ihn
sterbend, von der Sünde und dem Tode ihn erlöse.
Aber der Mensch ist nicht bloß der Sünde und dem
Tode, sondern auch dem Irrthume und der Finsterniß
anheimgefallen. Aus uns selbst sind wir nicht bloß
unfähig, für unsere Sünden genug zu thun, sondern
erkennen nicht einmal, wie nothwendig diese Genug=
thuung ist; entbehren nicht bloß der Kraft, den Weg
zum Himmel zu wandeln, sondern haben auch keine
hinreichende Kenntniß dieses Weges. Um uns also nicht
bloß von der Sünde, sondern auch von der Unwissen=
heit und dem Irrthume zu befreien, wollte Gott, daß
uns die Wahrheit in seinem Sohne auf das Klarste
und Nachdrücklichste geoffenbart würde, und deshalb
nicht bloß aus seinen Worten, sondern auch aus sei=

nem ganzen Leben auf Erden hervorleuchtete. „Er erschien in der Gestalt des sündigen Fleisches," um, wenn gleich selbst frei von der Sünde, uns zu zeigen, was dem sündigen Menschen noth thue, was ihm gebühre. Der Mensch soll erkennen, daß er das heilige Gesetz Gottes nicht beobachten kann, ohne mit sich zu streiten und seiner verderbten Natur Gewalt anzuthun: darum wird das Kindlein Jesus beschnitten. Der Mensch soll erkennen, daß er nicht zu Gott gelangen kann, wenn Gott selber ihn nicht von der Sünde reinigt: darum wird Jesus getauft, und zwar mit der Taufe der Buße. Wir sollen wissen, Christen, daß wir den Versuchungen des Satans ausgesetzt sind, und uns gegen sie nicht anders, als durch Fasten und Beten rüsten können: darum fastet und betet der Sohn Gottes in der Wüste, und wird dann vom Satan versucht. Aber diese Lehre von unserer Verderbtheit und unserer Strafwürdigkeit, wie leuchtet sie erst aus dem bittern Leiden und dem schmachvollen Tode des Gottmenschen hervor! Verwundet um unserer Missethaten, zerschlagen um unserer Sünden willen, ist er zum Manne der Schmerzen, der Schwachheit erfahren hat, ja wie zum Wurme geworden: denn der Herr hat ihn zermalmen wollen, seit er unser aller Schuld auf ihn gelegt (Is. 53).

So hat uns Jesus, unter der Hand Gottes sich erniedrigend, und wie ein Lamm vor der Schlachtbank verstummend, gezeigt, was uns, den Sündern, gebührt; aber er hat auch in seiner Person uns offenbaren wollen, was den Gerechten zum ewigen Leben ersprießlich ist. Wir sollen in der Zeit lebend die Ewigkeit vor Augen haben, und wohl bedenkend, daß unseres Bleibens hier nicht ist, unsere Herzen von allem, was sie auf Erden fesseln könnte, gewaltsam losreißen. Deshalb wird der Sohn Gottes im Stalle geboren, und hat, als er zum Manne geworden ist, nicht, wohin er sein Haupt legen könnte. Darum will er in dem verachteten Nazareth erzogen werden, mit armen und ungebildeten Menschen verkehren, darum allen Mühseligkeiten und Beschwerden dieses Leben unterworfen, darum verleumdet, verspottet, verfolgt sein. Aber auch diese Lehre vom wahren Wege zum Himmel hat er am Kreuze vollkommener wiederholt. Oder ist es nicht der Gekreuzigte, der uns so kräftig und ohne Unterlaß zuruft, daß der Tod zum Leben, die Schmerzen der Erde zu den Freuden des Himmels, die Entbehrung hienieden zum Reichthum dort oben, die Schmach bei den Menschen zur Herrlichkeit bei Gott führt? O ja, Christen, das ist das Wort des Kreuzes, dies die Weisheit des an ihm sterbenden Gottessohnes, daß wir alle zur Buße verpflichtet sind, und nur auf dem Wege der Entbehrung und des Leidens zur ewigen Glückseligkeit gelangen können. —

Dieses ist aber auch die Lehre, welche die Kirche zu der ihrigen gemacht, welche sie durch Predigt und Unterricht, in ihren Gebräuchen und Anstalten, durch ihr ganzes Erscheinen, Leben und Wirken auf Erden wiederholt. Oder, meine Christen, hat sie es euch nicht von eurer ersten Jugend an gesagt, und immer tiefer einzuprägen gesucht, daß ihr Sünder seid, und des

Ruhmes vor Gott ermangelt; daß ihr deshalb in Demuth vor Gott erscheinen, und mit zerknirschtem Herzen bei ihm Barmherzigkeit und Gnade suchen müßt? War sie nicht ohne Unterlaß bemüht, euch an die Ewigkeit, an den Tod, an die Gerichte Gottes zu erinnern? hörte sie jemals auf, euch zuzurufen, daß alles, was ihr hienieden sucht, Eitelkeit und nichts als Eitelkeit ist, daß die Welt vergeht mit ihrer Lust, mit ihrer Pracht und ihrer Herrlichkeit? Warnt sie nicht mit ängstlicher Sorgfalt, daß ihr wachet, betet und stark seiet im Glauben wider den, der eure Seele zu verschlingen sucht? daß ihr, um im Kampfe mit ihm nicht zu erliegen, euer Fleisch kreuziget mit allen seinen Lüsten? Ja, die Predigt der Kirche ist Demuth und Buße, ist Abtödtung und Selbstverläugnung. — Aber ihrer Lehre entspricht auch ihr Leben und Wirken. —

Der Heiland wurde einst gefragt, warum die Jünger des Johannes fasteten, die seinigen aber nicht; und er erwiederte: „Können denn die Freunde des Bräutigams trauern, so lange der Bräutigam bei ihnen ist? Es werden aber die Tage kommen, da der Bräutigam wird von ihnen genommen werden, alsdann werden sie fasten." Und diese seine Weissagung ist wie alle anderen in Erfüllung gegangen. Gleich beim Entstehen der Kirche ist in ihr der Geist der Buße erwacht, und hat die mannigfaltigsten Früchte getragen. Die Kirche hat denselben nicht bloß durch ihre Lehre und Ermahnung, sondern auch theils durch allgemeine Gesetze, theils durch besondere Anstalten ge=

nährt und geregelt. Von den Zeiten der Apostel an schreibt sie allen Gläubigen jene großen Fasten vor, durch welche wir das Beispiel des göttlichen Stifters nachahmen, und uns auf die Feier der Geheimnisse seines Todes und seiner Auferstehung vorbereiten. Und in derselben Absicht will sie, daß die letzten Tage jeder Woche durch Enthaltsamkeit geheiligt seien. Johannes der Täufer predigte Buße, weil das Himmelreich nahe sei; in diesem Geiste verpflichtet uns die Kirche zu einer andern Fasten in jener Zeit, da wir die Ankunft des Herrn erwarten. Viermal im Jahre kehren die Tage zurück, die sie bestimmt hat, die Diener des Altars zu weihen; und sie will, daß wir an ihnen nicht nur durch Gebet, sondern auch durch Fasten den Segen Gottes herabrufen. Es nahen die größern Feste des Herrn und seiner Heiligen; und wir sollen am Vorabende derselben durch die Fasten an den Weg erinnert werden, auf welchem Christus und alle seine wahren Jünger in die himmlische Herrlichkeit eingegangen sind.

Nun aber seid ihr, geliebte Zuhörer, zu wohl unterrichtet, um nicht zu wissen, daß der Geist der Kirche in all' diesem sich weiter erstreckt, als der Buchstabe ihres Gesetzes: daß ihr nur dann ihrer Absicht entsprecht, wenn ihr darauf bedacht seid, jeder nach dem Maße seiner Kräfte, alle Früchte der Buße und Selbstverläugnung hervorzubringen; wenn ihr jene Tage in Erinnerung an euere Sünden, an euere Schwäche und Gefahr, an die Leiden der Kirche und die Bedrängnisse der Seelen verlebt; wenn ihr euer Herz strenger be=

wacht, die weltlichen Ergötzungen flieht, und durch manche fromme Uebung oder Entsagung euren Leib züchtigt und dem Geiste dienstbar macht. In tausend und tausend frommen Seelen hat der Geist, der die Kirche belebt, alle diese Früchte der Buße jederzeit in reichlichem Maße gewirkt. Muß ich euch hier an das Leben unserer Heiligen erinnern, die nicht einige Tage des Jahres, sondern fast ihr ganzes Leben hindurch ihren Sinnen, was immer sie ergötzen konnte, versagten, und mehr Beschwerden freiwillig auf sich luden, als ein Mensch scheint ertragen zu können? muß ich euch beschreiben, wie sie durch die kargste Nahrung nicht sowohl das Wohlsein des Leibes pflegten, als dem Tode wehrten; wie sie, am Tage keine Rast und keine Erholung sich gönnend, die meisten Stunden der Nacht im Gebete durchwachten, um dann den ermatteten Gliedern auf hartem Lager eine kurze Ruhe zu gewähren? Darf ich, ich sage darf ich, der härenen Gewande erwähnen, die ihre Leiber umgaben, der Bußgürtel, die ihre Lenden durchstachen, der Geißeln, die sie mit Blut bedeckten? Was könnte ich nicht noch hinzufügen, wenn ich nicht fürchten müßte, daß dem verzärtelten Sinne der heutigen Christen auch die bloße Erwähnung unerträglich wäre. Und doch nennen wir uns alle Jünger Jesu, Jünger des gegeißelten, mit Dornen gekrönten, mit dem Kreuze beladenen, am Kreuze sterbenden Jesu! — Sei er denn gepriesen, daß er in seiner Kirche den Geist, den die Welt nicht kennt, bewahrt. Ja, Christen, nicht bloß jene, deren Bilder unsere Altäre schmücken, Tausende, deren Na=

men und Verdienste der Himmel kennt, übten und üben jenes Leben vollkommener Buße und Entsagung, und ihr seid, ohne es vielleicht zu wissen und zu ahnen, in dieser Stadt von vielen, sehr vielen Seelen, die also das Bild des Gekreuzigten in sich ausprägen, umgeben.

Aber wenn in diesen der Geist der Kirche meistens im Verborgenen wirkt, so offenbart er sich auf mannigfaltige Weise in vielen öffentlichen Gebräuchen und Stiftungen. Oder sind nicht aus ihm jene mühevollen Wallfahrten, jene öffentlichen Bußübungen und die frommen Vereine entstanden, deren Satzungen die Kirche gutheißt, deren Verbreitung sie begünstigt, deren Pflege sie so manche Sorge widmet? Was aber soll ich von den Ordensständen sagen? Sind es nicht sie, in welchen jenes Verlangen der Kirche, dem sich selbst verläugnenden Sohne Gottes ähnlich zu sein, ganz unverkennbar an's Licht tritt? — Der Sohn Gottes wollte nichts auf dieser Erde besitzen. Unser Herz von den Gütern dieser Welt loszureißen, hat er allen strenge geboten; aber die Güter, die wir besitzen, freiwillig hinzugeben, das hat er nur denen empfohlen, die in seiner Nachfolge all' ihr Glück und all' ihren Trost zu suchen entschlossen sind. Sein Leben war nicht nur rein und heilig, sondern auch voll beständiger Entsagung und Abtödtung. Wiederum hat er allen zur Pflicht gemacht, die verbotenen Gelüste ihres Herzens zu ertödten; aber um des Himmelreiches willen auch der rechtmäßigen Ehe zu entsagen, das war jener Rath, den, wie er selber sagt, nur wenige verstehen. Er war endlich nicht gekommen seinen Willen, sondern den Willen seines Vaters zu thun, und er hat ihn gethan in allem, von der Krippe bis zum Tode am Kreuze. Auch wir müssen alle den rechtmäßigen Vorgesetzten, geistlichen und weltlichen, unterwürfig sein; aber unsern Willen ganz aufzugeben und in allen Stücken einem von der Kirche bestimmten Obern zu unterwerfen, das ist jenes Brandopfer, welches die vollkommene Liebe mit freiem Entschlusse bringt. Nun denn, Christen, erkennt den Geist der Kirche. Ihr war es nicht genug, das Leben des göttlichen Erlösers, sofern als es, um die göttlichen Gebote zu halten, durchaus nothwendig ist, nachzuahmen: nein, sie wollte sein ganzes Joch voll Demuth und Mühe, seine ganze Bürde voll Beschwerden und Schmerzen auf sich nehmen, und auf seinem ganzen harten Lebenswege getreulich ihm nachfolgen. Aus diesem ihrem heiligen Verlangen also sind die Ordensstände in's Dasein getreten. Sie sind mannigfaltig, und die meisten verfolgen einen besonderen Zweck; aber darin kommen sie alle überein, daß sie die Verpflichtung eines strengen, Gott ausschließlich geweihten Lebens, eines Lebens voll Selbstverläugnung und Selbstentäußerung, besonders durch beständige Keuschheit, Armuth und Gehorsam auf sich nehmen. Ihr sehet diese Ordensstände in der Kirche zu allen Zeiten und in allen Theilen der Welt, wo rohe Gewalt sie in ihrem Wirken nicht hemmt, und sehet zahlreiche Jünger gerade jenen zuströmen, die den Geist, in welchem sie gegründet wurden, am treuesten bewahrten.

Aber muß ich nicht hier dem Einwurfe begegnen, daß die Ordensstände, wenn sie doch jene Bestimmung, von der wir reden, haben, wenigstens derselben nicht nachkommen, und in den Klöstern nicht sowohl die Buße und Abtödtung Jesu, als das müßige, bequeme und genußreiche Leben der Welt nachgeahmt werden? O, wie traurig, Geliebte, daß nicht alles an diesem Einwurf falsch ist! Aber, um damit zu beginnen, haben die Kinder der Welt ein Recht, auf das, was wahr daran ist, den Widerspruch zu gründen, welchen sie wider die Kirche Gottes erheben, sie, die gerade jene Orden, die ihrem Berufe am getreuesten entsprechen, am heftigsten verfolgen, und oftmals diejenigen gewähren lassen, welche allein der Vorwurf, den sie allen machen, einigermaßen trifft? Es ist also wahr, daß es Klöster gibt, in welchen der Geist ihrer Stifter mehr oder weniger erstorben ist. Aber — weil vielleicht auch manche aus euch solche Klagen laut werden lassen — es ist doch auch wahr, daß es viele, sehr viele Christen gibt, welche jene Gesetze der Kirche über die Fasten nicht beobachten, jene Gebräuche und Stiftungen, deren ich oben erwähnte, nicht achten, jene Ermahnungen der Kirche zur Buße und Abtödtung nicht hören: werden wir also deshalb nicht mehr sagen dürfen, daß in der Kirche der Geist ihres Stifters, der Geist der Buße und Selbstverläugnung lebt? Die Kirche fährt in diesem Geiste fort zu lehren, zu befehlen, zu ermahnen, zu strafen, zu belohnen: aber die Zahl der Kinder, die durch ihre Folgsamkeit diesen Geist in sich aufnehmen, ist bald größer bald geringer, und wir wissen, daß Zeiten kommen sollen, in denen sie klein, sehr klein sein wird; wie es Zeiten gab, und wofern das Ende der Zeiten nicht nahe ist, auch wieder geben wird, in denen sie groß sein wird. Jedoch, um nichts davon zu sagen, daß die Tugend, besonders jene, von der wir reden, in der Welt und im Kloster den Schatten der Demuth sucht, und daß man weit entfernt ist, sie an's Licht zu ziehen; daß hingegen ein leichtsinniges Leben sich selbst verräth, und jedes Aergerniß, welches es hervorruft, von tausend Zungen verkündet wird: — um, sage ich, hiervon zu schweigen, könnet ihr, ja können die Widersacher der Kirche selber es läugnen, daß alle geistlichen Orden, auch jene, die jetzt mehr oder weniger verfallen sind, zur Zeit, als sie in's Leben traten, jenem schweren Berufe, dem Gekreuzigten nachzuahmen, mit aller Kraft entsprochen, und daß die meisten Jahrhunderte lang ein Leben fortgesetzt haben, das für die ganze Christenheit eine tief ergreifende Predigt war? Nun es war der Geist der Kirche, der sie in's Leben rief, der sie beseelte, der ihnen Gedeihen und Wachsthum gab. Kann man läugnen, daß in vielen und zwar in den größeren dieser Orden, nachdem der erste Eifer erkaltet war, eine Erneuerung stattfand, welche mit der ursprünglichen Strenge und Zucht alle Früchte des Geistes in reichlicher Fülle wieder hervorrief? Es war der Geist der Kirche, der nie sterbend neues Leben ihnen einhauchte. Wie könnt ihr endlich vergessen, daß neben den verfallenden Orden immer neue in frischer Jugendkraft sich erheben? Es ist der Geist der Kirche, der mit unerschöpflicher Frucht=

barkeit sie erzeugt, und in mannigfaltiger Form dasselbe Leben offenbart; — das Leben, das der Gekreuzigte gibt. Damit ihr aber mehr und mehr diesen Geist der Kirche in seiner Wahrhaftigkeit, und den Geist der Welt in seiner Lügenhaftigkeit erkennt; so beherzigt noch, was ich schon vorher wie im Vorübergehen bemerkte: die Kirche redet wahr, wenn sie sagt, daß die geistlichen Orden in ihr aus dem Verlangen, Christo vollkommener nachzuahmen, entstehen; denn jene Orden, in welchen die strengste Zucht und die stärkste Selbstverläugnung herrscht, hatten zu jeder Zeit und haben auch in unsern Tagen zahlreiche Jünger, während die andern aus Mangel an diesen ersterben. Die Welt aber lügt, wenn sie vorgibt, die Orden zu hassen, weil sie ihrem Berufe nicht treu geblieben, denn, verachtet sie gleich alle, sie verfolgt vorzugsweise die besseren.

Nein, Christen, hier wie überall seht ihr den Geist der Welt mit dem Geiste der Kirche aus keinem andern Grunde kämpfen, als weil der Geist Jesu Christi der Geist Gottes ist, den die Welt nicht hat und nicht fassen kann.

Lasset es euch vom Apostel erklären. An eben jener Stelle, wo er von „der Weisheit Gottes, die den Menschen Thorheit ist", ausführlicher redet, sagt er: „Der natürliche Mensch faßt nicht, was des Geistes Gottes ist: denn es ist ihm Thorheit, und er kann es nicht verstehen." (1 Kor. 2.) „Natürlich" nennt er jenen Menschen, der kein Licht hat, als in seinem menschlichen Verstand, und keine Neigungen, als in den Trieben seines eigenen Herzens. Warum also können diese die Weisheit, die in dem Gekreuzigten verborgen ist, nicht fassen? Um den Geist der Buße in uns aufzunehmen, müssen wir demüthigen und zerknirschten Herzens sein. Die Demuth aber, meine Christen, kann nur Gott uns geben. Nur wenn er uns sich und sein heiliges Gesetz offenbart, erkennen wir unser eigenes Elend und die Sündhaftigkeit unseres Lebens. Nur wenn er uns mächtig an sich zieht, können wir den Blick von der äußern Welt mit wahrem Ernste in unser Inneres richten, und zur Zerknirschung über seine Unordnungen bewogen werden. — Eben das gilt aber auch von der christlichen Selbstverläugnung. Es ist unmöglich, der Welt und allem, was sie bietet, standhaft und vollkommen zu entsagen, wenn nicht im Lichte des Glaubens die Ewigkeit vor unserer Seele steht, wenn wir uns hier auf Erden nicht wie Pilger in der Fremde vorkommen, und mit heißer Begierde nach dem himmlischen Vaterlande verlangen, als wo die wahre Glückseligkeit unser wartet. Aber diese überirdischen Güter, die Gott uns bereitet hat — nur jene kennen sie wahrhaft und begehren sie, welchen Gott sie durch seinen Geist geoffenbart hat. Die Welt aber hat nicht den Geist Gottes, sie hat ihren eigenen Geist, den Geist der Hoffart und der Genußsucht. Werdet ihr euch darum wundern, wenn auch die Lehre der Weisen dieser Welt mit der Lehre vom Gekreuzigten in so grellem Widerspruche steht? Jene, welche man als die größten Weltweisen bewundert, welche Schüler in Menge und Bewunderer ohne Zahl gefunden haben, sie sind auf nichts so sehr bedacht, als den

Menschen zur Betrachtung und Hochschätzung seiner eigenen Vorzüge und seiner Würde anzutreiben. Sie verstehen darunter aber nicht jene Vorzüge und jene Würde, die der Mensch, eben wenn er sich als Sünder verdemüthigen will, durch Gottes Barmherzigkeit erlangen kann: nein, Gottes wird dabei nicht gedacht; der Mensch hat diese seine Würde in sich, in seiner vernünftigen Natur. Achtung gegen diese ist ihr höchstes Gesetz. Und welche Verpflichtungen leiten sie aus diesem Gesetze ab? Aus Achtung gegen sich selbst muß der Mensch seine Glückseligkeit suchen. Aber welche? jene in der Ewigkeit, die ein barmherziger Gott denen bereitet, die diese Welt verachten? Nein, die Ewigkeit ist ihnen ein unbekanntes Land. Des Menschen Vernünftigkeit ist ihr Gott, und die Glückseligkeit der Erde ihr Himmel. Diese wird der Mensch aus Achtung gegen sich selbst zu suchen verpflichtet. Die Uebungen der Buße unserer Heiligen sind also vor diesen Richtern eine wahre Sünde, und die Vernachläßigung oder völlige Verachtung irdischen Wohlseins ein Verbrechen. Sehet, wie die Weisheit Gottes der Welt Thorheit, und wie die Thorheit Gottes der Welt Weisheit ist: und das darum, weil sie das Wort vom Kreuze nicht faßt.

Aus eben diesem Grunde bleibt ihre Lehre von der Lehre der Kirche auch dann gar sehr verschieden, wenn sie zuweilen von der Religion Jesu Christi mit Hochachtung reden. Denn was immer sie zum Lobe derselben sagen, ihr Sinn ist dabei auf nichts anders denn auf jene irdische Wohlfahrt gerichtet, welche sie die Beglückung der Völ=

ker nennen. Nun ist es wahr, daß dem Christen nicht jedes Streben nach den Gütern dieses Lebens untersagt ist. Im Gegentheil: wenn ihr euch bemüht, die bürgerliche, aber wahre Freiheit, die rein menschliche, aber nicht entweihte Kunst und Wissenschaft, den zeitlichen Wohlstand in der menschlichen Gesellschaft zu fördern, so tritt euch die Religion nicht nur durch kein Verbot in den Weg, sondern sie ermuntert euch sogar, und verheißt euch, wofern ihr reine Absichten habt, den Segen des Himmels. Aber sie weist sowohl diesem Streben nach dem Glücke auf Erden, als auch dem Genusse desselben, im göttlichen Gesetze seine Schranken an. Sie mahnt, vor allem das Reich Gottes und seine Gerechtigkeit zu suchen, und über dem Bemühen um das Zeitliche die Sorge für das Ewige nicht hintanzusetzen. Denn „was hilft es dem Menschen, wenn er die ganze Welt gewinnt, an seiner Seele aber Schaden leidet?" Fließen uns dann die irdischen Güter zu, so sollen wir uns nicht in ihren Genuß vertiefen, noch unser Herz an dieselben hängen; sollen „die Welt gebrauchen, als gebrauchten wir sie nicht: denn die Zeit ist kurz, und die Gestalt dieser Welt geht vorüber." So die Kirche. — Welches ist aber die Sprache der falschen Propheten unserer Tage, wenn sie sich für ihr Thun und Treiben auf das Evangelium berufen? Sie wissen viel von dem Geiste der Milde und Schonung, der brüderlichen Liebe zu reden, und preisen die Wohlthaten der feineren Gesittung und Bildung, welche das Christenthum den Völkern gebracht; — aber Höheres kennen sie nicht. Sie begehren die Güter des gegenwärtigen Lebens nicht, um durch ihren guten Gebrauch nach jenen des zukünftigen zu trachten, sondern um in ihnen selbst ihre Glückseligkeit zu finden: und darum begehren sie ohne Maß und Ziel vollen Ueberfluß, um sich zu ersättigen in Müßiggang, Erfindungen und Künsten, um sich zu vergnügen in Eitelkeit, Macht und Ansehen, um sich zu brüsten in Hochmuth. Und sie reden, als wäre dies das Heil, das Christus der Welt gebracht. Wie sollten sie also die Sprache der Kirche verstehen, welche zwar gestattet nach zeitlichen Gütern mit Mäßigkeit zu streben, aber denen Wehe zuruft, die in dem Besitze und Genusse derselben Ruhe für ihre Seele suchen, und überdies jene selig preist, welche sie freiwillig um der Liebe Gottes willen verschmähen? Wie einst die Juden, so wollen diese Verblendeten einen Messias, dessen Reich von dieser Welt sei. Von jenem Christus, der im Stalle geboren und in der Werkstätte ernährt wurde, der in der Wüste fastete und am Kreuze starb, wissen sie nichts, und darum ist ihnen die Kirche, wenn sie diesen verkündigt und diesem nachahmt, ein Aergerniß.

Aber weshalb begnügen sich die Kinder der Welt nicht, die Weisheit, welche Gott seiner Kirche verleiht, für Thorheit anzusehen? weshalb erheben sie sich wider dieselbe in unruhvollem Zorne, alles in Bewegung setzend, um jene Gebräuche, jene Stiftungen, jene Anstalten, in denen sie sich kund gibt, zu zerstören? Den Grund dieser Befeindung, meine Christen, müßt ihr darin suchen, daß der Geist der Welt nicht nur ein unweiser, sondern auch ein böser Geist ist, ja daß sein

Unverstand aus seiner Bosheit entspringt. Es ist freilich wahr, was ich euch soeben mit den Worten des heil. Paulus erklärte, daß die Welt darum die Weisheit der Buße und Selbstverläugnung nicht versteht, weil niemand sie versteht, als dem Gott sie offenbart. Aber hat Gott sie ihnen nicht geoffenbart? Um mit demselben Apostel zu reden: „Haben sie etwa nicht gehört? Ueber die ganze Erde geht aus der Schall (derer, die Gott gesandt), und bis an die Enden des Erdkreises ihr Wort." Gott verkündigt die Weisheit des Kreuzes, und er gibt allen das nöthige Licht, diese Predigt zu verstehen. „Aber nicht alle gehorchen dem Evangelium": und das ist die Sünde der Welt, daß sie die Finsterniß, in der sie wandelt, lieber hat, als das Licht, das Gott ihr geben will. Alles, was in der Welt ist, sagt die Schrift, ist Begierlichkeit des Fleisches, Begierlichkeit der Augen, und Hoffart des Lebens. Und weil sie von dieser Hoffart und dieser Begierlichkeit nicht lassen wollen, darum können sie das Wort vom Kreuze, die Demuth und den Geist der Entsagung, nicht fassen. Weil also auch hier wiederum die Blindheit der Menschen schuldvoll, und ihre Thorheit die Frucht ihrer Sünde ist; darum werden sie von dieser Blindheit und Thorheit zum Hasse, zum Zorn, zur Verfolgung getrieben. Es ist eine gewichtvolle Wahrheit, die uns die Schrift dadurch offenbart, daß sie den Geist der Welt so geradezu den Satan nennt. Denn sie kennt kein Mittelding zwischen Christus dem Erlöser, und dem Satan unserm Widersacher. Wer nicht vom Geiste Christi will geleitet werden, der wird, auch wenn er es nicht glaubt, vom Geiste der Finsterniß getrieben, und wer nicht in dem Lichte wandeln will, das in der Kirche von dem Kreuze Christi verbreitet wird, der wird in der Finsterniß und im Schatten des Todes liegen.

Ach, Geliebte, jener Geist der Welt, der Geist der Genußsucht, der Weichlichkeit, des Hochmuths, er ist in unsern Tagen so mächtig geworden! Er hat alle Stände, alle Sitten, alle Künste und Wissenschaften durchdrungen. Wie sehr haben wir uns vor ihm zu hüten, da er dem Geiste Gottes widerstreitet. Die Kirche selbst erkennt, daß es schwerer ist als sonst, die Werke der Buße und Selbstverläugnung zu üben, und deshalb hat sie die Abschaffung mancher strengen Gebräuche geduldet, und ihre Gesetze bedeutend gemildert. Sie kann es, denn sie hat die Macht zu binden und zu lösen; sie thut es, damit unsere Sünden nicht vermehrt werden. Aber, Christen, euch lossagen von der Verpflichtung, Christi Geist zu haben, und in diesem Geiste ihm nachzufolgen auf dem Wege der Buße und der Selbstverläugnung, das kann sie nicht, das will sie nicht. „Denn wer den Geist Christi nicht hat," heißt es, „der gehört ihm nicht an;" wer aber ihm nicht angehört, der wird auch nicht durch ihn gerettet. Dahin gehe also, meine Christen, euer Bestreben, dazu treibe euch die Wahrheit, die wir betrachtet haben, an, den Geist Christi in euch durch inständiges Gebet und lebendigen Glauben zu wecken. Ja, nur das Gebet und die Uebung des Glaubens werden euch die Wahrheit der Demuth, die Nothwendigkeit der Buße, den Werth ter Abtödtung erkennen laſſen, nur ſie euch die Kraft verleihen, im Lichte dieſer Erkenntniß den Weg des Kreuzes, der allein zum Leben führt, zu wandeln.

Als der Heiland ſeinen Jüngern vorausſagte, daß ſie auf Erden daſſelbe Schickſal haben würden, das er ſich ausgewählt, begnügte er ſich nicht, ihnen von dem Haſſe und der Verfolgung, die ſie ſeinetwegen zu dul= den hätten, im allgemeinen zu reden; ſondern er zählte ihnen auch die einzelnen Leiden, die ihnen bevorſtänden, auf. Man werde ſie beſchimpfen und verläumben, aus den Synagogen ſtoßen, oder in denſelben geißeln, als Schuldige vor die Gerichtshöfe führen, und ſelbſt ihres Lebens nicht ſchonen. (Matth. 10.) Und das alles würde ihnen geſchehen, weil es ihm geſchehen. (Joh. 15, 20.) Nämlich „er hatte ſich", wie der heilige Paulus ſagt, „die Kirche mit ſeinem Blute erworben" (Apſtg. 20, 28.), hatte am Kreuze ſich mit ihr vermählt; ſie ſollte alſo auch, Schmach und bittere Verfolgung ſeinetwegen er= duldend, ihre Treue bewähren. — Und wie iſt ſeine Verheißung ſo reichlich in Erfüllung gegangen! Nicht bloß in den erſten Jahrhunderten, die wir vorzugsweiſe als die Zeit der Verfolgung betrachten, ſondern in je= dem der folgenden iſt die Kirche in mehr als einem Theile der Welt der Wuth des Unglaubens preisgege= ben worden. Wie Schafe wurden und werden auch in dieſen unſern Tagen ihre Kinder zur Schlachtbank geführt, in Kerker geworfen, gegeißelt, gefoltert, von

Richter zu Richter geschleppt, vor Statthalter und Könige geführt; ihre Tempel zerstört, ihre Güter geraubt, ihr Name gebrandmarkt, sie selber geächtet und in ferne Wüsteneien verwiesen. Wo aber die Macht der Ungläubigen sie nicht befeinden konnte, da hat sie in ihrem Innern nicht weniger boshafte, nicht weniger grausame Widersacher gefunden. O ihr wißt es ja, wie sie verleumdet, verspottet, beschimpft wird; wie man bald die verruchtesten Lehren ihr andichtet, bald was sie wirklich lehrt, verdreht und entstellt; wie man sie der Abgötterei, der Gotteslästerung, der Verführung, der Volksaufwiegelung, der Herrschsucht, kurz aller Laster anklagt, die sie mit größter Anstrengung bekämpft; wißt, wie vom Geiste der Lüge und des Irrthums verblendet, nicht nur einzelne ihrer Kinder, sondern ganze Völker sich von ihr lossagten, und nicht zufrieden, die Mutter, welche sie geboren und ernährt, verlassen zu haben, wider sie alle Marter der heidnischen Verfolgung erneuerten. Christliche und von ihr gesalbte Fürsten rüsteten ihre Kriegsheere gegen sie, und zahlreiche Haufen wilder Schwärmer zerstörten ihre Heiligthümer. Und was das Bitterste ist, in diesen mannigfachen Kämpfen wird sie endlich noch von jenen, die sie auserwählt und geehrt hatte, wie der Herr von Iscariot, verrathen.

Aber nicht nur verrathen von den Boshaften; sie sah und sieht sich auch, wenn sie den Kelch des Leidens von ihrem Bräutigam empfängt, verläugnet und verlassen von den Schwachen. Denn gleichwie der gekreuzigte Heiland jenen, die dem Fleische aber nicht dem

Geiste nach Abrahams Kinder waren, so ist auch die verfolgte Kirche allen, die zwar den Namen, aber nicht den Geist Jesu Christi haben, ein Aergerniß. O, wie haben die Juden sich in ihrem fleischlichen Sinne betrogen! Durch nichts war Jesus so sehr der Messias, den sie erwarteten, als gerade durch das Kreuz, an dem sie Anstoß nahmen. Was erwarteten sie im Messias? Zunächst den großen Propheten, der alle Völker der Erde belehren werde. Ist nun aber nicht Christus der Gekreuzigte das Licht der Welt geworden? das Licht, in dem alle Menschen Gottes Heiligkeit und Majestät zugleich mit seiner unendlichen Barmherzigkeit und Milde, in dem sie die Strafwürdigkeit der Sünde und die Hoheit der Tugend, den Werth der irdischen und der himmlischen Dinge, den wahren Weg zur ewigen Glückseligkeit erkennen? Die Juden erwarteten den Hohenpriester des neuen und ewigen Bundes. Und siehe, gerade am Kreuze ist Jesu jenes „neue und ewige Priesterthum gegeben, durch das er, sich selbst als ein unbeflecktes Opfer im heil. Geiste darbringend, für alle Vergebung der Sünde und ewige Erlösung gefunden hat." (Hebr. 7, 24. u. 9, 14.) Einen König endlich erwarteten die Juden, welcher alle Feinde des Volkes Gottes bezwinge, und sein Reich über den weiten Erdball ausdehne. Wohlan, hat nicht Jesus am Kreuze das Reich des Todes zerstört, die Mächte der Hölle überwunden, alle Fürsten und Völker der Erde sich unterworfen, und für seine Auserwählten das ewige Erbe des Himmels erobert? Es irrten also die Juden und waren mit Blindheit geschla=

gen, da sie an dem Kreuze Christi Anstoß nahmen: aber, meine Christen, wären nicht auch wir des wahren Lichtes beraubt, so wir nicht verständen, daß die Kirche eben dann mit dem Heiland siegt und triumphirt, wenn sie mit ihm gekreuzigt wird? Saget mir doch, welches war wohl der glänzendste Triumph und der folgenreichste Sieg, der ihr bis jetzt verliehen wurde? Ohne Zweifel feierte sie ihn damals, als sie das unermeßliche römische Kaiserreich sich unterwarf, und durch dasselbe ihre friedliche Herrschaft über alle Völker der Erde ausbreitete. Lasset sie uns in diesem ihrem ersten und glorreichsten Kampf, dessen ich jüngst nur mit wenigen Worten erwähnte, heute näher betrachten.

Es stehen ihr gegenüber die Kaiser, denen die Völker Europas, Asiens und Afrikas gehorchen. Diese Kaiser erlassen ihre strengsten Edikte, und finden rings umher in den Statthaltern und Richtern, in den Schergen und, wo es nothwendig ist, in ihren Kriegsheeren die Vollstrecker ihrer Blutbefehle. Mächtiger noch als von diesen, sind sie unterstützt von der Weltweisheit, die eben damals mit ihrem falschen Reichthume prunkte, von den Götzenpriestern, von dem seit so vielen Jahrhunderten tief eingewurzelten Aberglauben des Volkes, vor allem aber von den Leidenschaften und den Lastern, denen das Evangelium einen so strengen und unabläßigen Krieg ankündigte. Und was hatte die Kirche dieser feindlichen Gewalt, die alles, was es auf Erden Mächtiges geben kann, in sich vereinigte, entgegen zu setzen? Wie Gott es gefügt hatte, daß jenes Volk, aus welchem der Welt das Heil kommen sollte, das verachtetste von allen, und die Apostel, die er aus diesem Volke erwählte, der geringsten Klasse desselben angehörten; so wollte er auch, daß seine Kirche in den ersten Zeiten fast alle ihre Bekenner unter den Armen, den Ununterrichteten, den Sklaven fände. Hierauf macht der Apostel, gerade wo er die Lehre vom Gekreuzigten, die wir betrachten, vorträgt, die Gläubigen aufmerksam. „Sehet", spricht er, „auf eure Berufung: denn nicht viele Weise dem Fleische nach, nicht viele Mächtige, nicht viele Angesehene, sondern was der Welt thöricht ist, hat Gott gewählt, um die Weisen zu beschämen, und das Schwache der Welt hat Gott gewählt, um das Starke zu beschämen, und das Geringe der Welt, und das Verachtete, und das was nichts ist, hat Gott gewählt, um das, was etwas ist, zu nichte zu machen." Es ist zu nichte gemacht, aber wodurch? Die Kirche hat, auch wo sie es konnte, in diesem Kampfe der Gewalt nicht Gewalt entgegengesetzt. Nach dem Beispiele ihres Bräutigams ist sie geopfert worden, weil sie wollte, und ihre Kinder waren wie Schafe, die man zur Schlachtbank führt, und die ihren Mund nicht aufthun vor dem Scheerer. Man forderte sie vor Gericht, und sie gingen hin; man verurtheilte sie zur Folter, und sie ließen sich peinigen; zum Kerker, und sie harrten geduldig aus; zu schweren Diensten, und sie arbeiteten; man beraubte sie ihrer Güter, und sie widerstanden nicht; man verwies sie des Landes, und sie gingen ins Elend; man bestimmte sie den wilden Thieren zur Speise, und sie gaben sich willig hin; man steinigte, man ertränkte, man verbrannte, man enthauptete sie, und sie sträubten sich nicht. Wo sie ihre so theuren Todten begruben, in den unterirdischen Grüften, o Christen, auf denen wir wandeln, da feierte die verfolgte Kirche die Geheimnisse des Glaubens. Sie hatte also in diesem furchtbaren Kampfe keine Macht, als jene, durch die der Sohn Gottes in seiner Erniedrigung, in seinen Schmerzen, in seinem Tode siegte: die Macht des Leidens für Gott; und Gott hat ihr durch diese Macht den Sieg verliehen.

Wie groß, wie herrlich war er, dieser Sieg, als jetzt der ruhmvollste Kaiser jener Zeiten, der große Constantin, der Welt verkündigte, daß er durch das Kreuz seine Feinde überwunden, und sich und seine Kriegesheere dem Gekreuzigten unterwerfe. Die Kirche geht aus ihrer Verborgenheit hervor, und lobet Gott in tausend und tausend Tempeln, die allüberall auf des Kaisers Geheiß errichtet werden. Die Weisheit der Welt muß verstummen; denn die Völker drängen sich um die Lehrstühle, von welchen die Kirche die Weisheit Gottes, d. h. den Gekreuzigten verkündigt. Der Götzendienst wird, auch ohne Gewalt zu leiden, vernichtet; er war die Religion, welche die weltliche Macht in ihre Dienste genommen, aber diese weltliche Macht, der Staat, hat jetzt der Religion des Gekreuzigten sich zugewendet, nicht daß sie ihm zu seinen zeitlichen Zwecken dienstbar, sondern daß er mit allem Zeitlichen ihr für das Ewige unterwürfig sei. Ja, die Gesetze dieses Kaiserreiches schützen jetzt die Bekenner des christlichen Glaubens, und ehren die Diener des Altars. Seine Großen empfangen mit dem Kaiser das Joch Jesu Christi aus den Händen der Kirche, erkennen ihre bindende und lösende Gewalt, und ein Theodosius, Beherrscher des Morgen- und Abendlandes, unterwirft sich vor den Augen seiner Völker dem Strafurtheil, das ein Bischof über ihn ausgesprochen. Von nun an sind der Kirche alle Wege geöffnet, alle Mittel gegeben, ihr geistiges Reich, das Reich des Lichtes und des Heiles über den ganzen Erdkreis zu verbreiten. — Und nun noch einmal, meine Christen, wodurch ist dieser Sieg der Kirche zu Theil geworden? Durch das Marterthum.

Darf es aber uns wundern, wenn die leidende Kirche so voll Siegeskraft erfunden wird? Erinnert euch nur an die Mittel, deren sich Gott zur Verbreitung und Befestigung seines Reiches bedient. Das erste ist die Predigt; aber, wie Paulus an der oft erwähnten Stelle sagt, nicht eine Predigt, in der menschliche Weisheit mit künstlichen Worten überredet, sondern die Geist und Kraft offenbart: den Geist Gottes nämlich, der seine eigene aus dem Himmel stammende Sprache hat, die Kraft Gottes, welche die Rede des Menschen mit Zeichen und Wundern bewährt. Diese Predigt aber voll des Geistes und der Kraft, wann erscholl sie so laut und allgemein in der Kirche, als zu den Zeiten der Verfolgungen, wo Tausende und Tausende ihrer Kinder freudigen Muthes alles auf Erden verachteten, um das Himmelreich zu gewinnen; und unter den Qualen der Folter, im Angesichte des vielgestaltigen Todes, ihren Glauben an den Gekreu=

zigten, der die Auferstehung und das Leben ist, frohlockend bekannten? Und wann hat Gottes Kraft die Lehre der Kirche mit größeren und häufigeren Zeichen bekräftigt, als wiederum zur Zeit der Verfolgungen? Um nichts zu sagen von jenen Wundern, welche das Gebet der Märtyrer in andern wirkte, erinnert euch an die Zeichen, die Gott für sie und an ihnen selbst inmitten aller Schmach und Schmerzen hervorbrachte. Sie wurden vor Götzenbilder geführt um sie zu verehren, und die Götzenbilder zertrümmerten; sie wurden den wilden Thieren vorgeworfen, und Hyänen leckten schmeichelnd ihre Füße; man wirft sie in die Flammen des lobernden Scheiterhaufens, in die Gluth des siedenden Oels, und sie gehen unversehrt hervor; man läßt sie in Kerkern ohne Speise, und sie treten vor ihre Peiniger voll Gesundheit und Lebenskraft. Sie sterben, ja: aber bei ihrem Tode erneuern sich die Wunder, die den Tod des Gottmenschen verherrlichten. Die Erde erzittert, die Götzentempel stürzen ein, Finsterniß bedeckt die Städte, ihre Richter fallen todt von ihren Stühlen. — Das ist die Predigt der leidenden Kirche, voll Geist und Kraft. —

Doch so mächtig sie ist, sie enthält nur äußere Gnadenmittel; nothwendiger sind die inneren, durch welche der Mensch in den Stand gesetzt wird, jene Predigt zu fassen und zu glauben.

Ihr wißt es, meine Christen, Gott ist immer bereit, diese Gnaden den Menschen zu geben; aber er will darum gebeten werden. Wir sehen den heiligen Geist über die Jünger nicht eher herabkommen, als bis sie viele Tage in ununterbrochenem Gebete verharret hatten. Aber siehe, das Gebet der damals entstehenden Kirche hatte die Gnade des Geistes auch über das noch ungläubige Volk herabgezogen. Nach der ersten Predigt des Apostelfürsten wurden bei dreitausend Juden getauft. Und so hat es Gott für alle Zeiten angeordnet: das Gebet der Kirche ruft seine Gnaden auf alle Menschen herab. „Darum", spricht der Apostel, „ermahne ich vor allen Dingen, daß Gebete und Fürbitte geschehen für alle Menschen. Denn dieses ist gut und wohlgefällig vor Gott unserm Heiland, welcher will, daß alle Menschen selig werden und zur Erkenntniß der Wahrheit kommen." (1 Tim. 2, 1.) Wenn nun das Gebet der Kirche Gott immer wohlgefällig ist, welche Erhörung muß es zur Zeit ihres Leidens finden! Er erblickt dann in ihr das Bild seines vielgeliebten Sohnes, das Bild des Gekreuzigten, und die Kirche, mit ihrem Bräutigam an's Kreuz geheftet, flehet mit ihm für ihre Peiniger: „Vater, vergib, Vater vergib ihnen, sie wissen nicht, was sie thun!" O ja, die Kirche, gehorsam dem Befehle, den sie empfing, segnet die, welche ihr fluchen, und betet für die, welche sie verfolgen. Und mit ihrem Gebet opfert sie ihre Schmerzen, opfert sie ihr Blut auf: und auch dieses Blut, das für den Namen Jesu vergossen wird, es redet besser als das Blut Abels, denn es ruft nicht den Fluch, sondern den Segen Gottes herab. Sehet, Christen, warum, wenn die Kirche leidet, die Gnaden sich in Strömen über uns ergießen; sehet, warum die Zeit der Verfolgung für die Kirche die Zeit des Sieges und Triumphes ist.

Aber es ist schwer, das Geheimniß des Kreuzes zu verstehen. Wie oft hatte der Herr seine Schmach und Erniedrigung, sein Leiden und seinen Tod den Jüngern vorhergesagt, wie dringend sie ermahnt, nicht zu wanken im Glauben, sondern getrosten Muthes seine Auferstehung zu erwarten. Und doch nahmen alle Anstoß an ihm in der Nacht, da er seinen Feinden überliefert ward, und schon hatte man ihnen seine Auferstehung verkündigt, als er ihnen noch den Vorwurf machen mußte: „O ihr Thoren, und langsamen Herzens, um zu glauben alles, was die Propheten gesprochen haben! Mußte nicht Christus dieses leiden, und so in seine Herrlichkeit eingehen?" (Luc. 24, 25.) Wie vielen ihrer Kinder muß auch die Kirche diesen Vorwurf machen! Lasset uns nicht zu ihnen gehören. Nein, Geliebte, nein! Die Aehnlichkeit, welche die Kirche in ihren Leiden mit dem Gekreuzigten hat, soll uns eine Bürgschaft sein, daß sie auch mit ihm den Sieg der Auferstehung theilen wird. O wiederum ermahne ich, erwecket in euch den Glauben, vermehret ihn durch inbrünstiges Gebet. Denn nur durch ihn könnt ihr die glühenden Pfeile dieser Versuchung auslöschen. Aber daß wir uns nicht etwa täuschen! Wohl ist es wahr, die Märtyrer siegten durch die Kraft des Glaubens, und dieser Glaube war eine Gabe Gottes, sie hatten ihn nicht durch ihr Sinnen, Dichten und Trachten hervorgebracht. Aber es ist auch wahr, daß sie ihr Herz für eine solche Gabe des Himmels mit großen Opfern bereitet hatten. Wodurch hat der Glaube jene wunderbare Kraft, die den Menschen über alle

Leiden dieser Welt und über sich selbst erhebt? Dadurch, daß er die unsichtbaren Güter uns enthüllt, und unserem Geiste so nahe bringt, daß er mit heißem Verlangen und fester Hoffnung darnach strebt. So aber kann sich unser Geist nicht erheben, so lange er in den Banden der Sinnlichkeit gefangen liegt. Zweifelt also nicht, durch Losreißung ihres Herzens von den Gütern dieser Welt, durch standhafte und ernstliche Bekämpfung jeder bösen Begierlichkeit hatten die Märtyrer sich auf jenen Kampf gerüstet, und darum verlieh ihnen Gott den heldenmüthigen Glauben, durch den sie siegten. Sie hatten es nicht gescheut, in ihrem Leben, wie die Kirche sie lehrte, mit Jesu zu büßen und sich selbst zu verläugnen; deßhalb ward es ihnen gegeben, im Tode mit Jesu die Siegespalme zu erringen. Möge denn auch uns die Buße und Selbstverläugnung der Kirche keine Thorheit sein, so wird uns auch ihr Leiden kein Aergerniß sein. Amen.

Dritte Rede.

Dixit ei Pilatus: Ergo rex es tu? Respondit Jesus: Tu dicis, quia rex sum ego.

Es sprach zu ihm Pilatus: Also König bist du? Jesus antwortete: Du sagst es, ich bin König. Joh. 18, 37.

In einem jener Psalmen, in welchen David mit der Gabe der Propheten vom zukünftigen Reiche des Messias redet, wird uns der Kampf geschildert, in dem sich die Völker und Fürsten der Erde wider Gott und seinen Gesalbten erheben. „Lasset uns", sprechen sie, „ihre Bande zerreißen, und ihr Joch von uns werfen." (Ps. 2.) Aber es ist Gottes, des Allmächtigen, Beschluß, daß der von ihm den Menschen gegebene Heiland auf Erden unüberwindlich herrsche. „Ich bin," spricht der Messias, „vom Herrn als König über Sion gesetzt, seinen heiligen Berg, und verkündige sein Gesetz. Der Herr hat zu mir gesagt: Du bist mein

Sohn; heute habe ich dich gezeugt. Begehre von mir und ich will dir geben die Heiden zu deinem Erbtheile, und zu deinem Eigenthum die Enden der Erde. Du wirst sie beherrschen mit eisernem Zepter, und wie Töpfergefäß zertrümmern." Durch diese letzten Worte wird nicht etwa eine willkürliche Grausamkeit, wie menschliche Despoten sie üben, sondern jene Stärke einer von Gott verliehenen und beschützten Herrschaft, der nichts widerstehen kann, ausgedrückt. Und ist es nicht diese überirdische und unbesiegbare Macht, welche der Herr auch im Evangelium, da er nach seiner Auf= erstehung auf dem Berge stand, mit den feierlichen Worten sich beilegte: „Mir ist alle Gewalt gegeben, im Himmel und auf Erden"?

Nun aber, meine Christen, haben wir schon in der ersten Predigt betrachtet, daß gerade in diesem Augenblicke die Kirche vom Herrn mit derselben Feier= lichkeit ihre Sendung erhielt. Er hatte nämlich in den Tagen seines Fleisches „unter starkem Geschrei und Thränen" um jenes Erbe der Heidenwelt „ge= fleht, und war wegen des ehrfurchtsvollen Gehorsams," mit dem er den Leidenskelch annahm, „erhört worden." Jetzt also sandte er die, so er sich erwählt, um in seinem Namen von jenem Erbe Besitz zu nehmen: „Gehet hin, lehret alle Völker." Aber ist nun in dieser Besitznahme durch Belehrung die ganze Sendung der Kirche enthalten? Sollten die Apostel die Völker nur bekehren, oder wurden sie auch zu Fürsten im Reiche Christi auf Erden bestellt? Hat die Kirche nur die Gewalt, zu predigen und zu taufen, oder ist ihr auch königliche Hoheit und Macht verliehen, die dem Reiche Christi durch Predigt und Taufe unterworfenen Völker in seinem Namen zu beherrschen? Die Kirche legt sich diese Herrscherwürde bei. Wenn derjenige, in welchem sie den Stellvertreter ihres unsichtbaren Hauptes anerkennt, wenn der neugewählte Statthalter Christi auf Erden, über dem Grabe Petri auf die Zinne des Tempels im neuen Jerusalem geführt, und dort ihm die Krone auf das Haupt gesetzt wird, so ertönen die Worte: „Empfange die dreifache Krone, und wisse, daß du der Vater der Fürsten, der Lenker des Erdkreises, der Statthalter Jesu Christi auf Erden bist." Wohlan, Christen, ist dies die verwegene Sprache menschlicher Vermessenheit, oder ist es der würdevolle Ausdruck von Gott verliehener Majestät? Gewiß ist, daß die Kirche eben diese Sprache in ihrem Handeln auf Erden redet, und immer geredet hat: aber gewiß auch, daß deshalb der Geist der Welt mit dem größten Ungestüm sich wider sie erhebt. Wenn ihr gleichwohl, was Gott wie durch seine Propheten im alten Bunde, so durch seinen Sohn im neuen von der Kirche geoffenbart hat, näher betrachten wollt: so werdet ihr nicht zweifeln, daß es ihr verliehen, nicht nur an der göttlichen Sendung und dem erlösenden Leiden, sondern auch an der königlichen Herrschergewalt ihres Bräutigams Antheil zu haben; und wenn ihr ferner den Geist, der sich in ihren Widersachern kundgibt, prüfen wollt: so wird es euch einleuchten, daß ihr Königthum eben deshalb gehaßt wird, weil es vom Himmel stammt, und nur dazu dient, das

Himmelreich auf Erden zu verbreiten. Das also ist es, was ich euch heute zu zeigen habe: Die Kirche hat von Gott königliche Macht und Würde; dieses ihr Königthum aber wird von den Menschen befeindet, weil es nicht von dieser Welt ist.

———

Nicht bloß in jenem prophetischen Psalme, von dem ich schon redete, sondern in vielen andern Weissagungen wird der erwartete Messias als König, als Herrscher verkündigt. Oder sah nicht Isaias (9, 6) im Geiste schon auf dem neugebornen Kindlein Jesu eben jene königliche Würde ruhen, welche die Weisen durch ihre Gaben ehrten? „Ein Kind," spricht er, „ist uns geboren, und ein Sohn ist uns geschenkt, auf dessen Schultern Herrschaft ruht, und sein Name ist ... Gott, .. starker Held, ... Friedensfürst. Seine Herrschaft wird sich mehren, auf dem Throne Davids und in seinem Reiche wird er sitzen." Und eben diese Weissagung wiederholte der Engel, da er zu Maria von dem Sohne, den sie gebären sollte, sprach: „Gott der Herr wird ihm den Thron seines Vaters David geben, und er wird herrschen im Hause Jakobs ewiglich, und seines Reiches wird kein Ende sein" (Luc. 1, 32). Diese neue und ewige Herrschaft im Hause Jakobs und auf dem Throne Davids sollte sich aber von einem Meere bis zum andern über alle Völker erstrecken. Denn Daniel sah in jenem berühmten Gesichte „den Sohn des Menschen von Gott Macht, Ehre und Reichthum empfangen, so daß alle Völker,

Geschlechter und Zungen ihm dienten." — (Dan. 7, 13.)

Aber auch der Herr selber hat mit den bestimmtesten Worten die königliche Würde sich beigelegt. Denn so wie er vor dem Rathe der Juden auf die Frage des Hohenpriesters feierlich erklärt hatte, daß er der Sohn des lebendigen Gottes sei; also antwortete er auch auf die Frage des heidnischen Richters, ob er König sei, ohne Hehl: „Du sagst es", d. h. ja, „ich bin König." Doch eben hier, an der einzigen Stelle, wo er sich im Evangelium ausdrücklich König nennt, erklärt er auch, von welcher Art und Beschaffenheit sein Königthum sei. „Mein Reich", spricht er, „ist nicht von dieser Welt." Verschieden sind diese Worte des Herrn ausgelegt worden, und auch an heiliger Stätte nicht immer in dem Geiste, in welchem sie gesprochen wurden. Aber wenn wir uns von einem hl. Chrysostomus, einem hl. Thomas von Aquin und andern Lehrern der Kirche unterrichten lassen wollen, so ist kein Zweifel, daß der Herr durch jene Worte zunächst auf den himmlischen Ursprung seiner Herrschaft hinweist. Sie ist nämlich nicht der Art, daß sie durch das Recht, nach welchem die Dinge dieser Welt unter den Menschen geordnet werden, verliehen, oder durch die Gewalt der Menschen errungen werden könnte; sie gehört einer überirdischen Ordnung der Dinge an, und ist ihm unmittelbar von Gott, dem Herrn der Heerschaaren, gegeben worden. Darum fährt er fort: „Wenn mein Reich von dieser Welt wäre, so würden wohl meine Diener streiten, daß ich den Juden nicht überliefert würde. Nun aber ist mein Reich nicht von hier." Wer nämlich nach menschlichem Rechte oder durch menschliche Gewalt herrschen will, der wird sich auch einen Anhang, der für ihn kämpfe, suchen.

Wie aber das Reich Christi auf Erden seinen Ursprung nicht hat, so hat es auch auf ihr seine Bestimmung nicht. „Ich bin dazu geboren", spricht er, „und dazu in die Welt gekommen, daß ich der Wahrheit Zeugniß gebe. Wer immer aus der Wahrheit ist, der hört meine Stimme." Nicht also zeitlicher Wohlstand und irdische Herrlichkeit sind der Zweck des Reiches Christi; sondern daß die Wahrheit von den Menschen erkannt und aufgenommen werde, und eben dadurch über sie herrsche: — aber die Wahrheit in jenem erhabenen und reichen Sinn, in welchem sie das Evangelium versteht. Es soll der wahre Gott erkannt und angebetet, der wahre Mittler zwischen Gott und den Menschen geoffenbart und gesucht, das wahre Gesetz Gottes verkündigt und beobachtet, die wahre, d. h. die ewige Glückseligkeit des Menschen kund gemacht und errungen werden. Das Reich Christi ist zwar auf Erden, aber es stammt aus dem Himmel; es beginnt zwar in der Zeit, aber es findet seine Vollendung in der Ewigkeit: und eben deshalb, weil himmlisch sein Ursprung, himmlisch sein Zweck ist, wird es auch das Himmelreich genannt. Und diese Erklärung, welche der Herr von seinem Reiche gibt, findet ihr auch schon in den Weissagungen des alten Bundes ausgesprochen. Nicht von den Menschen, sondern von Gott ist der Messias als König über Sion gesetzt

(Pſ. 2): und zu welchem Zwecke? daß er ſein Geſetz, d. h. die Wahrheit verkündige. Iſaias aber ſieht das Reich des Meſſias kommen, indem der Glanz der Herrlichkeit Gottes Jeruſalem erleuchtet, und die Völker und Könige des Erdballs in dieſem Lichte wandeln. (Iſ. 60, 1—3.)

Aber wenn das Reich des Meſſias, d. h. die Kirche Jeſu Chriſti, ſeinem Urſprunge und Zwecke nach überirdiſch iſt, wird es dann auch in ſeinem Erſcheinen auf Erden ganz innerlich und rein geiſtiger Natur ſein? Ich will ſagen: Beſteht jene Herrſchaft des Meſſias auf Erden nur darin, daß er durch die innere Kraft der Gnade die Menſchen in den Stand ſetzt, die Wahrheit, welche ein für allemal verkündigt und ſchriftlich aufgezeichnet iſt, zu erkennen, zu glauben, zu befolgen? oder aber gibt es im Reiche Chriſti auch eine äußerliche Herrſchaft, durch welche die Bekenner der Wahrheit zu einer ſichtbaren Gemeinſchaft vereinigt, und zur Erreichung jenes überirdiſchen Zweckes auch durch äußerliche Mittel unterſtützt werden? Mit einem Worte: Hat der Herr ſeiner Kirche Macht zu regieren, und darum ein Haupt gegeben, das ſein Stellvertreter und Statthalter auf Erden ſei? Vernehmet es aus ſeinem eigenen Munde.

Er ſprach zum Sohne Simons: „Du biſt Petrus," d. i. der Fels, „und auf dieſem Felſen will ich meine Kirche bauen, und die Pforten der Hölle werden ſie nicht überwältigen" (Matth. 16, 18). Verweilet mit ernſtlichem Nachdenken bei dieſen gewichtvollen Worten. Der Herr redet hier erstlich von seinem Reiche **auf Erden**: denn nur dies kann von den Mächten der Hölle angefeindet werden. Er nennt es aber „Kirche", und dies Wort bedeutet sowohl im Griechischen, als im Hebräischen eine Versammlung von Menschen. Nichts Anderes also kann er darunter verstehen, als die gesammte Gemeinde derer, die an ihn glauben werden. Dieser nun soll Petrus das sein, was dem Gebäude der Fels ist, auf dem es ruht: ein fester Grund, der das ganze Gebäude trägt und zusammenhält. Wohlan, wie wird Petrus dies vermögen? Nur durch die Gewalt, von der wir reden. Denn wie alle Fugen, durch die ein Gebäude zusammengehalten wird, zuletzt ihre Festigkeit von dem Grunde, auf dem es gebaut ist, erhalten; so werden die Bande, welche eine Menge Menschen zu einer Gemeinschaft machen, durch die höchste Gewalt, die in ihr herrschet, befestigt. Daher sagt die Schrift, desselben Bildes sich bedienend: „Wo der Herrscher fehlt, stürzt das Volk zusammen" (Spr. 11, 14). Wollte also der Herr durch Petrus seine Kirche einig erhalten und befestigen, so hat er ihn zum Herrscher über sie bestellt. — Doch drückte er dieses nicht noch bestimmter aus, da er fortfuhr und sprach: „**Dir will ich die Schlüssel des Himmelreiches geben**"? Daß die Schlüssel ein Sinnbild der Oberherrschaft sind, ist euch aus der Sitte aller Völker bekannt. Wollte ja der Herr, daß auch seine höchste Gewalt in dem vollendeten Reiche der Himmel durch dasselbe Bild ausgedrückt würde. Denn er wird in der Offenbarung genannt: „Der Heilige und Wahrhaftige, der den Schlüssel Davids hat" (3, 7). Was also jene Herrschaft im Hause Davids, von der Isaias und der Engel sprechen, das bedeutet hier der Schlüssel Davids, die königliche Macht und Würde Jesu. Demnach sind auch die Schlüssel des Himmelreiches auf Erden, die Petrus vom Herrn empfing, ein Bild der Oberherrschaft in demselben. — Doch wie diese Schlüssel zeigen, in welchem Sinne Petrus der Felsengrund der Kirche genannt werde, so wollte der Herr, um dem Unglauben jede Ausflucht zu nehmen, nun auch noch, was die Schlüssel bildlich bezeichneten, mit eigentlichen Ausdrücken erklären. Denn er fügte hinzu: „Was immer du binden wirst auf Erden, das soll auch im Himmel gebunden sein, und was immer du lösen wirst auf Erden, das soll auch im Himmel gelöset sein." War es möglich, meine Christen, die der Kirche in ihrem Haupte verliehene Gewalt deutlicher, ausdrücklicher, feierlicher zu verkündigen? Und siehe, der Herr wiederholt mit gleichem Nachdruck dieselbe Betheuerung eben an jener Stelle, wo er befiehlt, daß, wer die Kirche nicht hört, uns wie ein Heide und öffentlicher Sünder sei; — denn er sagt zu sämmtlichen Aposteln: „Wahrlich, ich sage euch, was immer ihr auf Erden binden werdet, das soll auch im Himmel gebunden sein, und was immer ihr auf Erden lösen werdet, das soll auch im Himmel gelöset sein" (Matth. 18, 18).

Da nun aber der Kirche dieses Ansehen verliehen wurde, damit sie durch dasselbe wider die Mächte der

Finsterniß befestigt würde; so folgt, daß die königliche Gewalt in ihr so lange dauert, als sie auf Erden besteht, d. i. bis an's Ende der Zeiten. Was der Herr dem Petrus verliehen hat, das hat er auch den Nachfolgern Petri verliehen; und was er den Aposteln verliehen hat, das hat er auch ihren Nachfolgern, den Bischöfen, verliehen, wofern sie jedoch mit dem einen Felsen, der das ganze Gebäude der Kirche trägt, in Verbindung bleiben.

So müssen wir also in der Kirche eine von Menschen gehandhabte und folglich äußerliche Herrschaft anerkennen. Und wenn die Worte des göttlichen Stifters irgend einen Zweifel übrig ließen, so würde die seit den ersten Zeiten beständige und bis auf die letzten unangefochtene Ausübung dieser Herrschaft denselben beseitigen. Oder erinnert ihr euch nicht, daß die Apostel, noch in Jerusalem vereinigt, Petrus an der Spitze, eine sehr wichtige Glaubensfrage entschieden, und über die Enthaltung von gewissen Speisen ein Gesetz erließen (Apostelg. 15.)? daß Paulus sowohl die Bischöfe von Ephesus daran erinnerte, daß sie vom heil. Geist bestellt seien, die Kirche Gottes zu regieren (Apostelg. 20, 28.), als auch den Titus und den Timotheus belehrte, wie sie die verschiedenen Verrichtungen dieses Amtes vornehmen sollten? (Tit. 1, 5. 1 Tim. 5, 19—22. 2 Tim. 4, 2.) Und so hat die Kirche fortgefahren, bald durch ihr höchstes Oberhaupt, bald im Rathe versammelt, ihre geistliche Gewalt lehrend, Gesetze gebend, strafend und belohnend auszuüben. Jene erleuchteten und heiligen Männer aber, die sie als ihre

Väter und Lehrer verehrt, vom h. Ignatius angefangen bis zum h. Bernhard, und alle großen Gottesgelehrten der folgenden Jahrhunderte, waren weit entfernt, in der Herrschaft, welche die Vorsteher der Kirche ausübten, eine Anmaßung oder einen Mißbrauch zu rügen; vielmehr bezeugen sie wie mit Einem Munde die göttliche Einsetzung derselben, und beweisen sie aus eben den Stellen der h. Schrift, welche ich eurer Betrachtung vorgelegt habe.

Erst die Irrlehrer des sechzehnten Jahrhunderts, jene unglückseligen Männer, die den Samen der Zwietracht und Empörung, der jetzt so bittere Früchte bringt, in der ganzen menschlichen Gesellschaft gesäet haben, läugneten die Rechtmäßigkeit der kirchlichen Gewalt. Die Kirche, sagten sie und wiederholen noch immer ihre Schüler, sei ein geistiges Reich, eine unsichtbare Stadt Gottes, und folglich jede äußerliche und menschliche Regierung mit ihrer Natur in Widerspruch. Aber, geliebte Zuhörer, dieses geistige Reich, dieses Reich des Himmels, soll es nicht durch die menschliche Predigt verbreitet werden? soll in ihm nicht nach des Apostels, ja nach Christi klarem Ausspruch mit dem Bekenntniß des Herzens vor Gott auch das Bekenntniß des Mundes vor den Menschen vereinigt werden (Matth. 10, 32. Röm. 10, 10.)? hat die Kirche nicht auch ihren äußerlichen Gottesdienst, und wird ihr die unsichtbare Gnade nicht durch sichtbare Zeichen gespendet? soll ihr Geist nicht ebensowohl als unser inneres auch unser äußerliches Leben durchdringen und heiligen, auf daß die Menschen unsere guten Werke sehen, und unsern

Vater preisen, der im Himmel ist (Matth. 5, 16.)? hat endlich wie auf das Gedeihen, so auf die Hemmung alles dessen, was die Kirche Gottes unternimmt, das Benehmen der Menschen in Wort und That nicht den größten Einfluß? Und in einem Reiche, zu dem Menschen durch ein äußerliches Bekenntniß des Glaubens vereinigt, das durch äußerliche Mittel ausgedehnt werden, Wachsthum und Gedeihen erhalten, das in unserm ganzen äußeren Leben sich offenbaren soll, das durch das äußerliche Betragen der Menschen gefördert und gehindert werden kann: in einem solchen Reiche sollte eine äußerliche und von Menschen gehandhabte Regierung unzweckmäßig sein? Nimmermehr!

Allerdings ist und bleibt die Kirche nicht nur ihrem Ursprunge und ihrer Bestimmung, sondern auch ihrem innersten Wesen und Wirken nach ein himmlisches Reich; aber was folgt daraus? Nur dies, daß die ihr verliehene Herrschergewalt eine überaus erhabene ist. Lasset sie uns näher betrachten. Die Kirche ist bestimmt, ein Reich zu sein, in dem Gott sich den Menschen offenbaret; das ihr verliehene Ansehen muß also dazu dienen, diese Offenbarung zu vermitteln: nicht, daß durch die Kirche neue Offenbarungen geschähen, sondern die einmal geschehene wird von denen, die sie sendet, verbreitet, wird durch ihr Wächter- und Richteramt rein und unverfälscht bewahrt — und darum nennt sie der Apostel „die Säule und Grundfeste der Wahrheit". Die Kirche soll ferner ein Reich sein, in dem Gott zum Heile der Menschen wirkt: er thut es aber hauptsächlich durch das fortwährende Opfer des neuen Bundes und durch die Sakramente, die aus diesem ihre Kraft erhalten; das der Kirche verliehene Ansehen muß also die Gewalt in sich schließen, dieses Opfer darzubringen und diese Sakramente zu spenden: und darum nennt Paulus sich und die übrigen Apostel „Ausspender der Geheimnisse Gottes". Die Kirche endlich soll in ihrem Erscheinen auf Erden ein getreues Nachbild des Lebens Jesu, soll der Leib sein, in welchem sich Christi Geist, jener Geist, welcher, der Welt gestorben, für Gott allein lebt, fortwährend offenbaret; es muß also die der Kirche verliehene Gewalt auch dahin sich erstrecken, daß sie, um eine solche Offenbarung zu fördern, die Gläubigen zu einem bestimmten Verhalten verpflichten, und verschiedene Anstalten unter ihnen gründen, pflegen, leiten könne; und darum hörten wir den h. Paulus sagen, daß der heilige Geist die Bischöfe bestellt habe, die Kirche Gottes zu regieren: darum spricht er an einer andern Stelle von der Macht, die ihm gegeben, zur Auferbauung der Gemeinde. (2 Kor. 10, 8.)

Aber dieses Königthum der Kirche, das seinem Ursprunge nach göttlich, seinem Wesen nach so erhaben ist — wie großartig stellt es sich in seiner Ausdehnung dar! Das Erbe des Messias sind alle Völker der Welt, und seines Reiches Gränzen die Enden des Erdballs; so weit sich aber die Herrschaft Christi auf Erden erstreckt, so weit erstreckt sich auch die königliche Gewalt der Kirche: denn er herrscht durch sie. Es sollen also die Völker aller Welttheile wie große Familien im Umfange dieses Reiches wohnen; in ihnen allen das Licht der göttlichen Offenbarung und die Segnungen der göttlichen Wirksamkeit verbreitet; im ganzen Menschengeschlecht der, welcher es erlöst hat, verherrlicht werden. Welch' ein erhebender Gedanke! Nur derjenige konnte ihn fassen, welcher auch allein im Stande ist, ihn auszuführen, Gott, der Unermeßliche, der Unendliche. — Aber er will ihn nicht ausführen ohne uns. O, wenn die Menschen dem Lichte, das er ihnen leuchten läßt, nicht absichtlich die Augen verschlössen, wenn sie die huldvollen Absichten ihres Schöpfers und Erlösers erkennen wollten; wie würde dann das Reich der Himmel mit allen seinen beseligenden Früchten längst über den ganzen Erdkreis verbreitet, und alles Wehe und alle Sünde hinweggenommen sein! Aber gerade diese Wahrheit von der erhabenen Bestimmung des Reiches Gottes ist es, welche seine Feinde zu verdunkeln und zu entstellen bemüht sind, welche sie oft auch läugnen und lästern. Es ist ihnen in unsern Tagen gelungen, einen Irrthum zu verbreiten, der jener beglückenden Herrschaft des göttlichen Reiches über das Menschengeschlecht ganz und gar widerstrebt. Ungern rede ich davon; aber die Ereignisse unserer Zeit nöthigen mich. Denn nicht nur müssen wir in jenem Irrthum eines der größten Hindernisse der Verbreitung des Reiches Christi, sondern auch die Ursache des heftigsten Kampfes gegen dasselbe erkennen. Es ist dies nämlich die weit verbreitete Meinung, daß, wenngleich die einzelnen Gläubigen, doch nicht die Völker und ihre Herrscher der geistlichen Gewalt der Kirche unterworfen, ja daß die Einrichtung und Verwaltung der Staaten von den Grundsätzen des Glaubens unabhängig und von dem

Einflusse der Religion fern zu halten seien. „Fürsten und Unterthanen", sagen sie, „mögen, wenn sie wollen, als Menschen, d. h. in ihrem Privatleben, Christo und seiner Kirche ergeben sein, als Regenten und Bürger des Staates brauchen, ja dürfen sie es nicht. Der Staat bekennt sich zu keiner Religion: er ist auf dem reinen Vernunftrecht gegründet." —

In einer Zeit, da zur Strafe unserer Sünden der Geist der Welt so große Macht errungen, möget ihr es billigen, wenn auch manche, die für Christus eifern, aus solchen Grundsätzen, als hätten sie Gültigkeit, die Folgerung herleiten und geltend zu machen suchen, daß also die weltliche Macht von ihrer Anmaßung, die Kirche zu regieren, abstehen, und der geistlichen Gewalt eine unabhängige Wirksamkeit wenigstens auf alle Einzelne, die an Christus glauben, gestatten müsse. Aber ihr dürfet darüber nicht vergessen, daß jene Sprache vom Staate, der sich zu keiner Religion bekenne, nicht die Sprache des Glaubens, nicht die Sprache der Wahrheit ist. Ihr möget wiederholen, was in unsern Tagen fromme Gläubige gesagt: „Kann die Kirche nicht als Königin herrschen, so lasset uns trachten, daß sie wenigstens statt einer Sclavin, zu der sie die weltlichen Herrscher herabzuwürdigen suchen, eine Freie sei." Aber ihr dürft dabei die göttliche Berufung der Kirche, ihr unveräußerliches Recht, Königin zu sein, nicht aus den Augen verlieren. — So sage ich denn: Die Kirche ist nicht nur völlig unabhängig von der weltlichen Macht, sondern die weltliche Macht, Staat, Regierung und Bürger sind auch als solche,

..uch in ihrem öffentlichen Leben, der geistlichen Herrschaft der Kirche von Gott unterworfen. Und muß ich gleich fürchten, daß dieser Satz, an dem einstens weder die Fürsten noch die Völker Anstoß nahmen, heutzutage auch frommen Ohren hart klingen möge; so bin ich doch überzeugt, daß ihr, wofern ihr ruhig prüfet, einsehen werdet, nicht nur wie nothwendig er sich aus den ersten Grundwahrheiten unserer heiligen Religion ergiebt, sondern auch, wie wenig deshalb die Regierungen und Fürsten zu fürchten haben, ihre Freiheit und Selbstständigkeit zu verlieren. — Erneuert also eure Aufmerksamkeit.

Alles, was ist, kommt von Gott, alles muß zu Gott zurückgeführt werden, unser ganzes Leben und Wirken ihn verherrlichen. Nun aber ist Jesus Christus der einzige Mittler zwischen Gott und den Menschen, und wie Gott uns nur durch ihn seine Gnade schenkt, so will er auch nur durch ihn von uns die ihm gebührende Ehre empfangen. Es ist also der Wille und Rathschluß Gottes, daß durch die Religion Jesu Christi alles Menschliche geheiligt und ihm geweiht werde. Darum lehrt der Apostel, daß jene Verhältnisse des geselligen Lebens, die schon in der Natur ihren Grund haben, das Verhältniß zwischen Eltern und Kindern, zwischen Mann und Weib, zwischen Herrn und Diener, durch den christlichen Beruf allerdings nicht aufgehoben werden; aber daß sie von nun an um Christi willen heilig zu halten sind, und daß alles, was kraft derselben geschieht, im Namen unseres Herrn Jesu Christi geschehen muß. (Col. 3, 17—4, 2.) Ihr könnt also nicht sagen, als Mensch, d. h. in allem, was meine Person allein betrifft, will ich Christum bekennen und sein Gesetz in Ehren halten; aber als Vater, als Gatte, als Herr brauche ich das nicht, und darf mein Weib, mein Kind, meine Diener nach dem Ermessen meiner Vernunft behandeln. Es genügt nicht, sage ich, daß ihr christliche Menschen seid, ihr müßt auch christliche Eltern, christliche Kinder, christliche Eheleute, christliche Herrschaften und christliche Diener sein. „Was ist klarer als das?" erwiedert ihr. Ganz recht; aber warum genügt es denn im Staate, christlicher Mensch zu sein, und warum müssen nicht auch die Regenten christliche Regenten, und die Bürger christliche Bürger und der Staat selbst ein christlicher Staat sein? Wenn aber dies, nun so sind Regent und Bürger und Staat ebensowohl als Hausväter, Diener und Familie der geistlichen Gewalt der Kirche unterworfen. Doch laßt uns eine so gewichtige Wahrheit etwas tiefer erörtern.

Alles, sagte ich, muß auf Gott bezogen, Gott durch unser ganzes Leben und Wirken verherrlicht werden. Wie geschieht dies? Erstlich dadurch, daß wir in allem Gott als den höchsten Herrn anerkennen, und ihm mit ehrfurchtsvollem Gehorsam unterworfen sind. Wer also in Folge des Verhältnisses, worin er zu seinem Nächsten steht, eine Macht über diesen hat, wie der Vater über den Sohn, der Herr über den Diener; der muß wissen und bekennen, daß auch er, wie der Apostel spricht, einen Herrn im Himmel hat, der ihm diese Macht gegeben, und über den Gebrauch derselben Rechenschaft fordert. Wem aber die Pflicht zu gehorchen obliegt, der muß wissen und bekennen, daß sie ihm Gott auferlegt: um Gottes willen muß er den Menschen unterwürfig sein. Beide also, der befiehlt und der gehorcht, sie müssen Gott als die höchste Macht über sich anerkennen, und sein Gesetz in allem vor Augen halten. Nun hat aber Gott jene seine höchste Gewalt über alle Dinge seinem Sohne Jesu Christo übergeben. Denn „er hat ihn zum Erben über alles gesetzt, und zum Könige über Sion, daß er verkündige sein Gesetz." (Hebr. 1, 2.) Christum also müssen wir in allen Lebensverhältnissen als unsern höchsten Herrn verehren, und dem von ihm verkündigten Gesetze gehorsam sein. — Hättet ihr nun etwa Schwierigkeit, geliebte Christen, diese Lehre des Glaubens auch auf die Staatsgewalt anzuwenden? Aber es ist ja gerade diese, von der Paulus zunächst redet, da er betheuert: „Es gibt keine Gewalt außer von Gott, und die, welche besteht, ist von Gott angeordnet." (Röm. 13, 1.) Und in Uebereinstimmung hiemit spricht die göttliche Weisheit selber: „Durch mich regieren die Könige, und verordnen, die Gewalt haben, Gerechtigkeit" — das will sagen: nur dadurch, daß ich ihnen Macht gebe, haben sie Macht; und nur wenn sie in meinem Geiste regieren, regieren sie gerecht. Was aber die göttliche Weisheit, durch welche alles von Gott ausgegangen und erschaffen ist, von sich sagt, ist es nicht mehr wahr von der menschgewordenen Weisheit, unserm Herrn und Heiland Jesus Christus, durch den alles mit Gott versöhnt und zu Gott zurückgeführt werden soll?

Ist es denn nicht Er, „welcher alles trägt mit dem Worte seiner Kraft" (Hebr. 1, 3.) und zur Rechten des Vaters sitzt, nicht nur als „getreuer Zeuge", sondern auch als „Fürst der Könige der Erde" (Offenb. 1, 5.)? Alle demnach, die regieren, seien es Alleinherrscher, seien es jene, die man Vertreter des Volkes nennt, müssen ihn als ihren höchsten Herrn, von dem allein sie Macht haben können, anerkennen; und läugnen, daß sie im Namen Jesu Christi regieren, heißt ebensoviel als gestehen, daß sie nicht rechtmäßig regieren. — Nun aber hörten wir die himmlische Weisheit nicht bloß sagen, daß alle, die regieren, durch sie regieren, sondern auch, was freilich hieraus nothwendig folgt, daß nur, wer in ihrem Geiste regiert, gerecht regiert. Alle somit, die da herrschen, müssen im Geiste und nach der Lehre Jesu Christi herrschen. Und gewiß, meine Christen, ihr könnt doch nicht zugeben, daß sie die Staaten ordnen, und die Völker regieren dürfen nach menschlicher Willkür, oder auch nach jenen Grundsätzen des Rechtes, die es ihnen beliebt anzuerkennen. Ihr behauptet vielmehr, daß es ein höheres Gesetz über ihnen gibt, das Gesetz der ewigen, unwandelbaren, der göttlichen Gerechtigkeit, und daß sie nach diesem regieren müssen, wie sie selber nach eben demselben werden gerichtet werden. Und dies ist es, was die Schrift ihnen ans Herz legt: „Höret, ihr Könige, und sehet es ein, lernet ihr Richter der ganzen Erde . . . . Von dem Herrn ist euch die Herrschaft gegeben, und die Macht von dem Allerhöchsten. Wenn ihr also, da ihr Diener seines Reiches seid, nicht recht gerichtet, und das Gesetz der Gerechtigkeit nicht beobachtet, und nach dem Willen Gottes nicht gewandelt: so wird er schrecklich und schnell über euch kommen; denn das strengste Gericht ergeht über die, so andern vorstehen." (Weish. 6, 2.) Nun aber, welches ist dieses Gesetz der göttlichen Gerechtigkeit, wenn nicht das, welches Jesus Christus geoffenbart? — Kein Zweifel also, daß wir, wie in allen andern Verhältnissen des Lebens, so auch in jenen, durch welche die Staaten bestehen, Jesus Christus als den höchsten Herrn anerkennen, und dem von ihm geoffenbarten Gesetze gehorchen müssen.

Wenn aber das, nun so sind wir auch in allen diesen Verhältnissen im Staate sowohl, als in der Familie, der geistlichen Gewalt der Kirche unterworfen. Denn wie Gott uns seinen Willen, den wir in allem vor Augen haben müssen, durch seinen Sohn geoffenbaret hat, so hat der Sohn hinwiederum die Kirche bestellt, diese seine Offenbarung zu bewahren, untrüglich zu erklären, der ganzen Menschheit zu verkündigen. „Wie mich der Vater gesendet hat, so sende ich euch." — „Gehet hin, lehret alle Völker." Um also die Grundsätze der wahren Gerechtigkeit, und jenes höchste Gesetz, das über alles Menschliche waltet, kennen zu lernen, hat Jesus Christus wie die Familienhäupter, so die Regenten der Völker nicht an das trübe und schwache Licht der eigenen Vernunft, und nicht an die stolzen Weisen der Welt, die Gott durch die Offenbarung seiner Weisheit zu Schanden gemacht hat, — an die Kirche hat er sie gewiesen, die er zur Lehrerin der

Völker, zur Säule und Grundfeste der Wahrheit gemacht hat. Es sind also die Fürsten und Regierungen, die Völker und Unterthanen, der Kirche als ihrer Lehrerin unterworfen.

Fürchtet aber nicht, daß sie durch eine solche Unterwürfigkeit ihre Freiheit und Selbstständigkeit verlieren: nein, eben so wenig als auch ihr durch den Gehorsam gegen die Kirche, eure Lehrerin, aufhört, Herr in euren Häusern zu sein. Es läßt euch die Kirche eure Felder bestellen, eure Geschäfte betreiben, euer Hauswesen einrichten, wie ihr es wollt und versteht; und ebenso ist sie auch weit entfernt, statt der weltlichen Herrscher in zeitlichen Dingen regieren zu wollen. O nein, sie läßt sie in diesen nach ihrer besten Einsicht schalten und walten. Aber wie euch für euer Hauswesen, so verkündigt sie den Völkern und Fürsten für das Staatswesen, jenes Gesetz der göttlichen Gerechtigkeit, das die höchste Richtschnur alles menschlichen Handelns ist. In diesem Gesetz ist die Ordnung bestimmt, die sie durch keine ihrer Einrichtungen verletzen dürfen; in ihm sind die Gränzen bezeichnet, die sie in ihren Unternehmungen, im Gebrauche ihrer Macht, nicht überschreiten dürfen. Gott ist der Urheber dieses Gesetzes, und Gott hat die Kirche bestellt, es allen Völkern zu verkünden, lehrend und warnend. Wehe den Hirten der Kirche, wenn sie schweigen; aber wehe auch den Fürsten und Völkern, wenn sie es verschmähen, zu hören! Denn vor Gott gilt kein Ansehen der Person, und er „scheuet keines Menschen Größe". Denn er hat „sie alle, Große wie Kleine gemacht. Den

Stärkeren aber steht stärkere Strafe bevor." (Weisheit 6, 8.)

Doch Gott will in seiner Schöpfung nicht bloß durch Gehorsam gegen sein Gesetz, sondern auch durch Verehrung seiner höchsten Majestät verherrlicht werden: wir müssen ihn als das höchste Wesen bekennen und anbeten. Und wie es keinen Stand und kein Verhältniß gibt, in dem wir nicht dem Gesetze Gottes unterworfen wären, so gibt es auch keinen Stand und keine Verbindung, worin wir der Pflicht enthoben wären, Gott jenen Tribut der Verehrung zu zollen, worin wir also aufhören dürften, Religion zu haben: aber Gott will durch seinen Sohn verherrlicht werden, will kein Bekenntniß, als das des christlichen Glaubens, und keine Religion, als die Religion Jesu Christi. In allen Verhältnissen unseres Lebens also sind wir verpflichtet, uns als Bekenner der Religion Jesu Christi zu erweisen. Wenn ich nun daraus wiederum herleite, daß ihr auch in eurem Familienleben Christus bekennen müsset; so werdet ihr es ohne Schwierigkeit einräumen, werdet zugeben, daß ihr in demselben alles so einrichten müßt, daß jeder, der mit euch verkehrt, der euer Haus betritt, der in eurer Familie lebt, alsbald wahrnehme, er verkehre mit Christen, er betrete ein christliches Haus, er lebe in einer christlichen Familie. Wohlan denn, sollte nicht auch hier, was vom Hauswesen und Familienleben wahr ist, eben so wahr sein vom Staatswesen und Völkerleben? Wohl ist ein Staat seiner eigenthümlichen Bestimmung nach keine religiöse Gesellschaft; aber er hört deshalb, weil er eine bürgerliche Verbindung ist, nicht auf, eine menschliche zu sein; alles Menschliche aber muß Gott verherrlichen, von allem ihm der Tribut der höchsten Ehre dargebracht werden. Ich sage also: ja, es sind die Völker, es sind die Staaten verpflichtet, Religion zu haben und es an den Tag zu legen, daß sie welche haben. An der Sprache, die ein Staat führt, an den Sitten, die er beobachtet, an den Gesetzen, die er erläßt, an den Einrichtungen, die er trifft, an den Anstalten, die er leitet, muß man wahrnehmen, daß er Jesus Christus bekennt; und jeder der mit ihm verkehrt, der in ihm lebt, muß durch das, was er sieht und hört, erinnert werden, daß er mit einem Staate verkehre, in einem Staate lebe, der an Christus glaubt, der den Gott, der sich durch Christus offenbart, anbetet.

Fahren wir fort. Damit auf solche Weise der Geist des Christenthums unser ganzes Leben durchdringe und heilige, sind von Gott selber uns die Mittel gegeben, durch welche wir unsern' Glauben an Jesus Christus und die wahre Gottesverehrung üben sollen: ich meine die Feier des Gottesdienstes, die heiligen Gebräuche, den Empfang der Sacramente, die Werke der christlichen Selbstverläugnung. Nun aber, meine Christen, ist nicht wiederum die Kirche berufen, uns in allem diesem zu leiten und zu überwachen? Wie also die Häupter der Familien, so sind auch die Regierungen der Völker verpflichtet, den Einrichtungen, welche die Kirche zu diesem Zwecke trifft, Ehrfurcht, und den Gesetzen, die sie darüber erläßt, Gehorsam zu erweisen. Ebensowenig als ihr in eurem häuslichen Leben, dürfen die weltlichen Herrscher im Volksleben die Entehrung dessen, was die Kirche heiligt, und die Störung oder Hinderung dessen, was die Kirche vorschreibt, dulden. In jenen Körperschaften aber, die ganz in ihrem Dienste leben, in jenen Anstalten, die ihrer unmittelbaren Aufsicht und Leitung unterworfen sind, müssen sie überdies, eben so gut als ihr in euren Häusern, darauf achten und dringen, daß die Gebräuche der Kirche geübt, und ihren Gesetzen über den Besuch des Gottesdienstes, den Empfang der Sakramente, die Fasten und andere Werke der Frömmigkeit Folge geleistet werde.

Jeder Stand hat zwar seine besondern Pflichten, und andere Verhältnisse erzeugen andere Verbindlichkeiten; aber diese eine große Obliegenheit, Gott durch die Religion Jesu Christi zu verherrlichen, begleitet uns in allen Ständen und hört in keinem Lebensverhältnisse auf. Ja diese Stände selbst und die Verhältnisse des geselligen Lebens müssen auf Gott, den Urheber alles Guten, bezogen, müssen ihm durch Jesus Christus geheiligt werden. Diese Pflicht nun fordert aber außer dem bisher Gesagten auch noch, daß wir nach den Kräften und Gelegenheiten, die uns die besonderen Verhältnisse, in denen wir leben, bieten, dazu beitragen, daß die Erkenntniß und Verehrung Gottes immer mehr verbreitet werde, daß das Reich Jesu Christi wachse und blühe. Und um bei demselben Vergleiche zu bleiben: wie ihr im Kreise eurer Familie, so sind hiezu die Fürsten in ihren Staaten verpflichtet. Sie müssen also erstlich zwar die Diener der Kirche ihr

Amt frei und ungehindert verrichten lassen, dann aber auch bei ihren eigenen Einrichtungen und Verordnungen darauf Rücksicht nehmen, dieser Wirksamkeit der Kirche nicht nur nicht hinderlich, sondern auch förderlich zu sein, könnte es gleich nicht ohne Aufopferung irgend eines Vortheils geschehen. Denn es ist billig, ja es ist hochheilige Pflicht, daß das Zeitliche dem Ewigen, das Irdische dem Himmlischen, das Menschliche dem Göttlichen diene und untergeordnet sei, und nur dann herrscht die Ordnung, die Gott geheiligt hat, wenn alles und jedes, was in der großen menschlichen Gesellschaft geschieht, dem Einen Zwecke der Menschheit, der Verherrlichung Gottes und dem ewigen Heile der Menschen dient. Aber in allem dem, was weltliche Herrscher zum Schutze der Kirche und ihrer Anstalten, zur Förderung des christlichen Sinnes, Glaubens und Lebens unternehmen, dürfen sie nicht nach eigenem Ermessen und Gutdünken verfahren; sie müssen darin der Kirche sich folgsam erweisen. Denn „die Bischöfe sind vom hl. Geist gesetzt, die Kirche Gottes zu regieren," und in diesen Stücken müssen sich auch die Großen der Erde als Diener und Untergebene betrachten.

Sehet also, meine Christen, weshalb ich sagte, daß die königliche Würde und Macht der Kirche sich auch über die gekrönten Häupter, über Staaten und Nationen erstrecke. Es sind alle Völker, die den christlichen Glauben bekennen, sammt ihren Regierungen und Fürsten, der Kirche als ihrer Lehrerin die sie hören, als ihrer Hirtin der sie folgen müssen, sie sind den Gesetzen, sie sind der Zucht der Kirche unterworfen. Und um die Wahrheit in ihrer ganzen Ausdehnung mit aller Freiheit auszusprechen, eben darum unterliegen auch nicht bloß einzelne Menschen, sondern auch Regierungen, Völker und Staaten der kirchlichen Strafgewalt. Gleichwie ihr, wenn ihr als Hausväter zum öffentlichen Aergernisse werdet, wie ganze Familien, die sich gottlos und den Hirten der Kirche widerspenstig erweisen: ebenso können Fürsten, Städte, ganze Reiche, wenn sie sich derselben Vergehungen schuldig machen, durch die Kirche der Wohlthaten der Religion beraubt, und aus der Gemeinschaft der Heiligen ausgeschlossen werden.

Und jetzt erst, meine Christen, nachdem wir betrachtet, wie die geistliche Herrschaft der Kirche über alle Völker des Erdkreises ausgedehnt sein, und all das innere und äußere Leben derselben mit ihrer Wirksamkeit durchdringen soll, steht das Reich, welches durch sie auf Erden ausgebreitet werden soll, in seiner ganzen Größe und Herrlichkeit vor unserm Geiste. Wie erhebend, ich wiederhole es, ist der Gedanke an dasselbe! O Geliebte, wenn die Lehre von dem einen wahren Gotte, dem Unendlichen und Allheiligen, dem Schöpfer und Regierer des Weltalls, dem Ziel und Ende aller unsterblichen Geister, wenn das Gesetz seiner ewigen Gerechtigkeit, das über uns waltet, die Geheimnisse seiner Liebe und Erbarmungen, die den Betrachtenden mit heiligem Schauer erfüllen, wenn die Verheißungen, die mit der Aussicht auf das Land der Unsterblichkeit unsern Muth unter den irdischen Leiden und Kämpfen aufrecht halten, — die reine, die heilige, die erhabene, trostreiche Lehre des Christenthums, wenn sie, von allen Völkern und Zungen bekannt, in allen Ständen und Verzweigungen der menschlichen Gesellschaft als Lebensgrundsätze ausgesprochen, und durch das ganze Leben der Völker gleichsam thatsächlich geprebigt würde; wenn dann der höchste Gott, von allen Völkern und allen Ständen der Völker angebetet und im gemeinsamen Chore vom ganzen Menschengeschlechte gepriesen, wenn seinem heiligsten Namen allerorts das unbefleckte, seiner würdige Opfer dargebracht, und die Geheimnisse, durch die er uns entsündigt und heiligt, von allen mit Ehrfurcht und Eifer gefeiert würden; wenn endlich durch die Kraft jenes Glaubens und dieser Geheimnisse das Gesetz seiner Gerechtigkeit zur Herrschaft käme, und wie unser stilles häusliches, so das öffentliche Leben der Völker regelte und ordnete: o welch' ein Reich des Lichtes, des Friedens, der Reinheit, der Wahrheit, der Glückseligkeit wäre dann auf Erden gestiftet! Nun das ist das Reich, wozu das Menschengeschlecht vereinigt würde, wenn die Kirche herrschte.

Aber Gott hat sich begnügt, wie den einzelnen Menschen, so den Völkern diese seine Güter durch die Kirche zu bieten: es bleibt ihrer freien Selbstbestimmung überlassen, sie anzunehmen, oder von sich zu stoßen. Ach Christen, diese Güter, das Reich, von dem wir gesprochen, sie können nur denen gefallen, die das Licht und die Reinheit, die das Himmlische und Göttliche schätzen und lieben; denen aber, welche die Finsterniß mehr lieben als das Licht, und die Gelüste des Fleisches mehr, als die Genüsse des Geistes, die das Irdische dem Himmlischen, das Menschliche dem Göttlichen vorziehen: diesen kann ein solches Reich, und die Herrschaft, durch welche es Bestand haben soll, nur verhaßt sein. Sehet da den Grund, weshalb die Kirche durch die königliche Würde, die ihr Jesus Christus gab, der allerheftigsten Verfolgung ausgesetzt ist.

Sowohl die Aussprüche unsers göttlichen Lehrers und Heilandes, als auch die nähere Betrachtung des Thuns und Treibens der Menschen haben uns jüngst überzeugt, daß die Kinder der Welt der Kirche Gottes darum widerstreben, weil ihnen jener wunderbare Verkehr, den Gott durch sie mit den Menschen haben will, unerträglich, der ernste Geist der Selbstverläugnung aber, der in der Kirche waltet, eine verhaßte Thorheit ist. Wenn ihr nun davon überzeugt seid, so werdet ihr auch leicht einsehen, daß die königliche Gewalt der Kirche, von der wir heute reden, den Zorn ihrer Widersacher aufs Aeußerste bringen muß. Sie wollen die Demuth des Glaubens nicht, sie mögen nicht Gnade und Barmherzigkeit durch Gottesverehrung und Heilsmittel suchen, sich selbst aber für ihre Sünden zu strafen, und das Fleisch mit seinen Gelüsten zu kreuzigen, ist ihnen ein Abscheu und Aergerniß: und sie sollten in ihrem bösen Sinne nicht erbittert werden, wenn die Kirche nun in allen diesen Stücken ihnen nicht mehr bloß als Mutter, lehrend, einladend, ermahnend, sondern auch als Gebieterin im Namen Gottes befehlend, drohend, strafend entgegentritt? — Aber noch mehr. Die christliche Wahrheit, die christliche Frömmigkeit ist ihnen zuwider; und nun soll in Folge jener Herrschaft der Kirche alles, was in der menschlichen Gesellschaft geschieht, diese Wahrheit und diese Frömmigkeit ihnen vor Augen halten! Sie finden in dem Geiste, den die Kirche nährt und pflegt, das größte Hinderniß der Pläne, die sie verwirklichen wollen; und nun soll dieser Geist alle Verhältnisse des geselligen Lebens und selbst die Gesetzgebung und Verwaltung der Staaten durchdringen! Mit einem Worte, der Geist der Welt, der diese Menschen treibt, zürnt ohne Zweifel dem Geiste Jesu Christi, der in der Kirche lebt: wie kann er also dessen Herrschaft dulden?

Wohl weiß ich, daß man vorgibt, nicht diese geistige Herrschaft, durch welche das Reich Gottes auf Erden bestehen soll, sondern den Ehrgeiz der Diener der Kirche, als die nach zeitlicher Herrschaft strebten, zu befeinden. Um diese Anklage, welche die Feinde der Kirche zu allen Zeiten im Munde geführt haben, zu prüfen, wäre demnach hier zunächst manches von jenen Fürsten zu sagen, die unter solchem Vorwande so oft die Kirche beunruhigt, ja, soviel an ihnen lag, aller Herrschaft beraubt haben: und es würde nicht schwer sein, ihr Betragen aus dem Evangelium des Festes, das wir feiern, in's wahre Licht zu setzen. Auch jene Fremden nämlich, die aus dem Morgenlande kamen, das Kindlein Jesus anzubeten, waren der Ueber=

lieferung der Väter gemäß Könige; aber weil sie zugleich Weise, und zwar durch göttliche Weisheit Weise waren, darum scheuten sie es nicht, dem König der Könige, obgleich er in der Gestalt eines schwachen Kindes auf Erden erschien, ihre tiefste Ehrfurcht zu beweisen. Sie fürchteten nicht, dadurch, daß sie ihm ihre königliche Hoheit zu Füßen legten, dieselbe zu verlieren. Denn sie wußten, daß er nicht gekommen war, um uns zu berauben, sondern um, was wir haben und besitzen, zu heiligen, und durch alles Zeitliche uns zum Ewigen und Unsterblichen zu verhelfen. Aber Herodes, ein böser und unreiner Mensch, hatte kaum vom neugebornen König der Juden gehört, als er auch von Furcht verwirrt wurde. Sein von der Sünde verfinsterter Geist konnte die geistige und himmlische Natur des Reiches, das der Messias zu stiften gekommen war, nicht fassen, und sein von bösen Gelüsten erfülltes Herz kein Verlangen nach den Gütern eines solchen Reiches in sich nähren. Und eben in dieser Finsterniß eines boshaften Geistes konnte nun auch der Gedanke Raum finden, den himmlischen König, vor dem er sich fürchtete, zu vertilgen. Sehet da die Vorbilder sowohl jener Fürsten, welche die Kirche ehrten, als jener, welche sie verfolgten. Oder bezeugen die Jahrbücher der Weltgeschichte nicht, daß zu allen Zeiten die wahrhaft weisen und großen Fürsten, welche ihren Unterthanen das Beispiel eines reinen Wandels gaben, sie durch eine milde Herrschaft beglückten, und ihr Reich durch kräftige Verwaltung befestigten, daß ein Constantin, ein Theodosius, ein

Karl der Große, ein Ludwig in Frankreich, ein Eduard in England, ein Heinrich in Deutschland, ein Leopold in Oesterreich, ein Stephan in Ungarn, in dem Haupte der Kirche den Statthalter Jesu Christi voll Demuth verehrten, und sich mit ihrer ganzen weltlichen Herrschaft, ohne Furcht daß sie ihnen geschmälert werde, der geistlichen Gewalt in jenem Sinne, wie ich gesagt habe, unterwarfen? daß aber gerade jene Fürsten, die in ihrem Privatleben unreine Wüstlinge, und als Regenten Schwächlinge oder Despoten waren, dem Beispiele des Herodes nachgeahmt, und die Kirche in wahrer oder erheuchelter Furcht, daß durch dieselbe ihr Ansehen gefährdet werde, mit blutigem Hasse verfolgt haben? Was lehrt euch nun eine solche Erscheinung? Jene Großen der Welt, die Gott und seine Herrschaft auf Erden lieben, sie erkennen das Ansehen der Kirche unbedenklich an; deren Thun und Treiben aber mit dem Reiche Gottes und seiner Gerechtigkeit nicht bestehen kann, diese lehnen sich wider dasselbe auf.

Doch es thut weit mehr Noth, daß ihr das Betragen jener Menschen, die heutzutage statt der Fürsten im Namen des Volkes herrschen wollen und zum Theile wirklich herrschen, nach dem Evangelium beurtheilen lernt. Auch sie behaupten ohne Unterlaß, daß die Kirche ihre Gewalt zu zeitlichen Zwecken mißbrauche. Aber erkennet nun zugleich die Unredlichkeit, mit der sie diese Klage führen, aus dem Widerspruche, worin sie sich nicht scheuen mit sich selber zu treten. Wo immer die Fürsten im Besitze ihres ganzen Ansehens sind, klagen sie bei ihnen die Kirche an, daß sie ihre Herrschaft zu

verkümmern und zu beschränken suche, daß sie wohl
gar mit dem aufrührerischen Volke sich wider die Throne
verbinde. Wo es ihnen aber schon gelungen ist, das
Ansehen der Fürsten zu erschüttern, da wenden sie sich,
um die wankenden Throne vollends zu stürzen, an das
Volk, und beschuldigen dieselbe Kirche, daß sie mit den
tyrannischen Fürsten zu seiner Bedrückung sich vereinige.
Unglückliche Fürsten, unglückliche Völker, die sich von
ihren geschwornen Feinden also bethören lassen! Es ist
freilich wahr, die Kirche ist den Angelegenheiten der
Fürsten und Völker nicht fremd geblieben: nämlich, wie
wir gesehen haben, es ist ihr Beruf, das Gesetz Gottes, dem Fürsten und Völker unterworfen sind, zu verkündigen und auf seine Beobachtung zu bringen; es
ist ihr Beruf, die Religion Jesu Christi, der keine
menschlichen Angelegenheiten fremd sein können, zu verbreiten und in's Leben einzuführen. Oft also ist sie
vor die Fürsten getreten und hat zu ihnen mit feier-
lichem Ernste, wie Johannes zu Herodes gesprochen:
„Es ist dir nicht erlaubt, dieses Weib zu haben"; und
es kann euch nicht unbekannt sein, daß eben deßhalb,
weil die Kirche die öffentlichen Aergernisse der Könige
nicht dulden, und noch viel weniger ihren Segen über
ehebrecherische Verbindungen aussprechen wollte, ganze
Reiche beunruhigt, ganze Völker verführt oder gezwun-
gen worden sind, vom wahren Glauben abzufallen. Es
hat die Kirche jenes „Es ist dir nicht erlaubt" nicht
selten wiederholt, wenn die weltlichen Machthaber nach
Willkür und böser Lust ihre Unterthanen plagten, Nach-
barstaaten beunruhigten, Bündnisse brachen, Gesetze, die

sie beschworen hatten, nicht hielten. Es ist endlich wahr, daß sie auch dann ihre ernste Mahnung wiederholte, wenn die Fürsten und Großen dieser Welt sich unterfingen, in geistlichen Dingen zu gebieten, wenn sie die Güter oder die Rechte der Kirche antasteten, oder durch ehrgeizige Unternehmungen den Frieden störten und die Fortschritte des Reiches Gottes hemmten. Und weil eben derselbe, welcher die Kirche gesandt hat, zu lehren, auch gesagt hat: „Wer die Kirche nicht hört, der sei dir wie ein Heide und öffentlicher Sünder" — so hatte sie in vielen jener Fälle wider gottvergessene Fürsten nicht bloß Worte der Ermahnung und Belehrung, sondern auch der Strafe und des Fluches. — Nennet ihr nun das Einmischung in die Politik, und Anmaßung, statt der Fürsten in zeitlichen Dingen zu regieren? O freilich, die Kirche hat sich um das öffentliche Leben der Regenten und auch um die Verwaltung der Staaten bekümmert, aber nur insofern es jener ihr göttlicher Beruf erforderte. Sie hat auf die Weise, wie ich eben sagte, die Gewalt geübt, die ihr Gott zur Verbreitung und zum Schutze seines Reiches auf Erden gegeben; aber keineswegs die Herrschaft der weltlichen Fürsten an sich gerissen, oder auch vermindert und beschränkt, sondern nur gefordert, daß sie nach dem Gesetze, das Gott gegeben, geregelt, und in den Gränzen bleibe, die ihr Gott angewiesen hat. — Läugne ich deshalb, daß einige Vorsteher der Kirche sich auch aus Ehrgeiz und weltlicher Herrschsucht in die Angelegenheiten der Fürsten und Staaten gemischt haben mögen? Nein, ich läugne es nicht. Aber das kann gewiß ebenso wenig ein Grund sein, sich gegen die geistliche Gewalt der Kirche überhaupt zu erheben, als man die ganze Staatsgewalt für unrechtmäßig erklären darf, weil einige oder vielmehr sehr viele Fürsten und Regierungen sich auf noch ungebührlichere Weise in die Angelegenheiten der Kirche gemengt haben.

Was werden wir nun aber zu jener andern, in unsern Tagen viel lauteren Klage sagen, daß die Kirche mit den weltlichen Machthabern dahin strebe, die Völker ihrer Rechte und Freiheiten zu berauben? Nämlich ebenso wie die Kirche oft, der bedrückten Völker sich annehmend, der Willkür schlechter Fürsten das Gesetz der göttlichen Gerechtigkeit entgegengehalten hat; so hat sie hinwiederum niemals aufgehört, kraft desselben Gesetzes den Völkern Ehrfurcht und Gehorsam zu gebieten. Selbst wenn ihre Klagen gerecht waren, gestattete sie es ihnen nicht, sich wider die Gesalbten des Herrn zu bewaffnen; noch viel weniger aber kann sie gutheißen, was heutzutage die Völker im Schwindel des Zeitgeistes sich vermessen zu thun; eure Kirche, Christen, sage ich, kann es nicht billigen, ja sie muß es als ein Verbrechen verdammen, wenn Regierungen oder Verfassungen der Staaten auf dem Wege der Empörung verändert werden. Sehet da, was ihre Feinde Begünstigung des Despotismus nennen; sehet da, was ihren Haß und Zorn entflammt! Die Lehre der Kirche steht mit der ihrigen in Widerspruch, und das Ansehen, womit die Kirche lehrt, hemmt ihre Fortschritte. Nur dadurch nämlich, daß sie den Völkern allgemeinen Wohlstand und ein irdisches Glück fast ohne

Maß vorspiegeln, können sie ihre Begierden reizen, und für ihre Pläne sie gewinnen; nur dadurch, daß sie ihnen Empörung und Aufruhr als gerechte Selbsthülfe empfehlen, können sie ihnen zur Ausführung jener Pläne die Waffen wider ihre Fürsten in die Hände geben. Und die Kirche? Die Kirche lehrt die Völker, aus diesem elenden Erdenleben ihre Augen gen Himmel richten, wo die wahre Glückseligkeit ihrer harrt; lehrt sie zuerst das Reich Gottes suchen, und dann von jener Vorsehung, die alles regiert, auch in zeitlichen Dingen Hülfe erwarten. Sie verheißt diese Hülfe im Namen des wahrhaftigen und getreuen Gottes; aber sie warnt zugleich vor dem vergeblichen Bestreben, die Erde in ein Paradies zu verwandeln. Das Leben hienieden, so lehrt sie, ist nach göttlichem Rathschluß eine Prüfungszeit, in der sich des Christen Geduld bewähren muß. Alle Uebelstände aus demselben verbannen wollen, ist ein thörichtes Unterfangen, dem Gott widersteht; zu solchem Zwecke aber die Ordnung umzustürzen, die Gott heilig gehalten wissen will, die Leidenschaften zu entzügeln, zu bewaffnen, zum Mord, zum Aufruhr zu rufen, ist ein fluchwürdiger Greuel. Das ist die Predigt der Kirche, dies das Wort, welches sie mit ihrem ganzen Ansehen unterstützt. Braucht es mehr, um wider sie jene zur Wuth zu reizen, die nur durch die Verbreitung des entgegengesetzten Irrthums, des Irrthums, daß die Empörung gestattet sei, zum Ziele ihrer heißesten Begierden gelangen können? — Doch nicht bloß bei der Empörung wider die bestehende Gewalt, sondern auch bei Errichtung einer neuen Ord=

nung der Dinge erkennen sie in der Kirche eine unbeugsame Widersacherin. Ihr kennt sie ja, diese neue Ordnung, und wißt, daß sie nichts anders als eine solche Einrichtung der menschlichen Gesellschaft ist, in Folge welcher ein Ueberfluß an sinnlichen Genüssen geboten, und die Freiheit, sich ihnen zu ergeben, durch nichts, am wenigsten aber durch die Erinnerung an Gott und die Ewigkeit gezügelt würde. Dieser Herrschaft des Fleisches aber widersteht die Kirche mit jenem hohen Ernste, mit welchem sie einst den Gelüsten lasterhafter Fürsten wehrte. So lange sie Ansehen und Einfluß auf die Völker hat, ist es nicht möglich, das Reich des Wohllebens und der Lüsternheit zu gründen. O ja, so ist es, wie ich euch im Anfange sagte: nicht weil die Kirche nach weltlicher Herrschaft strebt, sondern weil sie mit hehrer Majestät das Gesetz des gerechten und heiligen Gottes verkündigt, weil durch sie auf Erden das Himmelreich fortbesteht: darum hat man ihr den Untergang geschworen.

Doch damit ihr dies noch deutlicher einsehet, und den Geist der Feinde eurer Kirche — „das Geheimniß der Schlechtigkeit" — immer besser verstehet; so lasset uns noch einmal nach Jerusalem zurückkehren, und unsern Herrn und Heiland vor dem Richterstuhle des Pilatus betrachten. Seine Feinde, die Hohenpriester, Schriftgelehrten und Pharisäer, beschuldigten ihn, nach der königlichen Würde unter den Juden zu streben. Nun aber wußten sie nicht nur recht wohl, daß dem nicht so war; weshalb sie auch in ihrem eigenen Gerichte von dieser Anklage keine Erwähnung machten: sondern sie würden es nicht einmal für ein Verbrechen gehalten, vielmehr gebilligt und begünstigt haben, wenn unser Herr wirklich nach einem zeitlichen Königthum gestrebt hätte. Die Juden, und besonders diese ganz fleischlich gesinnten Priester und Pharisäer, hatten sich seit lange unter dem Messias einen irdischen König gedacht, und wünschten nichts sehnlicher, als durch ihn vom Joche der Römer befreit zu werden. Hätte also unser Herr jenes Ansehen, das er unter dem Volke genoß, benutzen wollen, um ein solches Reich zu gründen, und diesen seinen Feinden Hoffnung gemacht, jene Stellen in demselben einzunehmen, die ihrem Hange zum Wohlleben und ihrem Ehrgeize schmeichelten: kein Zweifel, daß sie ihn nach allen Kräften unterstützt hätten. Aber eben weil er vielmehr befahl, „dem Kaiser zu geben, was des Kaisers ist, und Gott, was Gottes ist"; eben weil er nicht des gegenwärtigen, sondern des ewigen Lebens Glückseligkeit als Preis, und strenge Tugend, Enthaltsamkeit und Selbstüberwindung als Bedingung, ihn zu erringen, setzte; kurz weil sein Reich nicht von dieser Welt war, darum haßten und verfolgten sie ihn. Welch eine Unredlichkeit! welch eine niederträchtige Bosheit! Sie klagten ihn an, daß er das thun wolle, was, wenn er es wirklich gewollt hätte, sie alle zu seinen Anhängern und Freunden gemacht hätte. Er ward vor den Richter geführt und des Todes schuldig erklärt, weil er statt des Kaisers herrschen wolle; aber in Wahrheit überlieferten sie ihn, und wollten seinen Tod, weil er nicht statt des Kaisers, sondern im Namen Gottes herrschen, nicht weltliche, sondern geistliche Macht üben wollte. — Nun denn, meine Christen, eben dies ist das Schicksal der Kirche, und eben diese die niederträchtige Unredlichkeit ihrer Feinde. Sie sagen, daß sie der Kirche widerstreben, weil sie, und zwar aus Ehrgeiz und andern irdischen Absichten, in weltliche und politische Händel sich mische. Aber zweifelt nicht, wenn die Kirche aufhörte, das Gesetz der göttlichen Gerechtigkeit zu verkündigen, denen, die regieren, Mäßigung und Demuth, denen, die gehorchen, Unterwürfigkeit und Gelassenheit, allen Verachtung der Welt, Geduld und Entsagung zu predigen; wenn sie statt dessen auf ihren Lehrstühlen die Grundsätze der neuen Staatskunst, die Erfindungen und Anstalten zur Beförderung des Wohllebens priese, die Völker zur Erhebung gegen ihre Fürsten reizte, sie ermunterte, die alte Ordnung der Dinge umzustürzen und eine neue nach eigenem Gutdünken zu gründen, eine Ordnung, in welcher aber jene Prediger der Freiheit, Gemeinschaft und Brüderlichkeit hoffen dürften, was sie begehren, zu erhaschen: so würde diese Einmischung in die Politik als ein großer Fortschritt in der wahren Aufklärung gepriesen werden. Oder haben wir nicht jene unglückseligen Prediger, die auf solche Weise ihr Amt und diese heilige Stätte entweihten, von eben jenen Anklägern der Kirche bis zu den Sternen erhoben, und als die Apostel des wahren Christenthums verherrlicht sehen müssen? Ja, haben nicht Häupter der Partei, von der ich rede, den Dienern der Kirche ganz offen einen solchen Rath gegeben, und in ihren Schriften auf verfängliche Weise zu zeigen sich bemüht, daß dieselben berufen seien, an den politischen Neuerungen Theil zu nehmen, und dies darum, weil der wahre Zweck des Evangeliums darin bestehe, das irdische Wohlsein, die bürgerliche Freiheit und alle heiteren Lebensgenüsse zu vermehren? Aber die Kirche verachtet wie die Drohungen, so die Lockungen ihrer Feinde. Auch sie antwortet den listigen Versuchern: „Gebet dem Kaiser was des Kaisers ist, und Gott was Gottes ist." — „Mein Reich aber ist nicht von dieser Welt." Wer zu ihm gehören will, der muß mit mir im Kreuze Christi sich rühmen. In diesem, d. h. in der Entsagung und der Selbstentäußerung, und nicht in Lust und Eitelkeit ist mein Ruhm und meine ganze Stärke. — So wird denn auch die Kirche verfolgt, weil sie nicht thun will, was man vorgibt, daß sie thue. O schändliche Lüge des Geistes dieser Welt! Aber auch, o Arglist der Hölle! o trauriges Loos der von ihr verblendeten Adamskinder! Ihren einzigen Erretter und Heiland haben sie an's Kreuz geschlagen, und wüthen wider die Kirche, in der er fortfährt unter ihnen zu leben und zu wirken. Sie liegen in den Schlingen des Verderbens, in den Armen des Todes, und zürnen wider Gott, weil er ihre Bande lösen und sie vom Tode zum Leben führen will. — O, geliebte Christen, nicht wir! nein, so soll der Reiz dieses flüchtigen Lebens, so soll die Lust der vergänglichen Welt uns nicht fesseln, daß wir die Wohlthaten des uns erlösenden Gottes verkennten, verschmähten. Wir wollen kämpfen, wollen entsagen; die Zeit ist kurz und die Gestalt dieser Erde geht vorüber. O ja, ein ernster, ein glaubensvoller Blick in die Ewigkeit, die unser aller wartet, und wir werden die Herrschaft der Kirche verstehen, verstehen was es heißt, einem Reiche angehören, das nicht von dieser Welt, der sinnlichen, eitlen, üppigen, aber auch der hinfälligen, bald verschwindenden Welt ist; einem Reiche, das ein Reich des Himmels ist, ein Reich, in dem die Gesetze des Himmels walten, und die Güter des Himmels gehofft und errungen werden. Wie es so herrlich und erhaben, so voll überirdischer Kraft und Würde vor den Augen des Glaubens dasteht! Ohne der Menschen Dichten und Trachten hat der ewige Gott es auf Erden gestiftet, und trotz der Menschen Wüthen und Toben wird es von ihm in seiner vollen Stärke erhalten. Die Pforten der Hölle obsiegen nicht. —

Doch siehe, da tritt meinem Geiste beim Schlusse dieser Rede derselbe Gedanke, mit welchem ich meine Vorträge begann, entgegen. Wie? geziemt es sich, daß wir in diesen Tagen der Betrübniß, der Verödung, der Verlassenheit so freien Muthes uns der Herrlichkeit unserer Kirche rühmen? Ist sie doch wie eine Witwe geworden, einsam und verlassen, verachtet und verarmt, gedemüthigt und gefesselt; — und sie soll jetzt, gerade jetzt im Bewußtsein ihrer Würde sprechen: „Ich bin Königin"? soll den Völkern die sie verlachen, den Großen die sie plagen, zurufen: „Ich bin eure Königin"? Ja, Christen, sie soll es; und wir mit ihr, wir sollen gerade jetzt, in diesen Tagen ihrer scheinbaren Erniedrigung, ihrer Hoheit uns rühmen. Oder habe ich es euch nicht schon gesagt, daß unser Herr und Heiland bei keiner andern Gelegenheit, nicht als er Wunder wirkte, und das erstaunte Volk in Lobpreisungen Gottes ausbrach, nicht als er Tausende mit wenigen Broden speiste und sie lehrte, wie einer der Gewalt hat, nicht als er in Jerusalem einzog, und die jubelnde Menge „Hosanna dem Sohne Davids" sang; sondern nur einmal, nur als er gebunden, verurtheilt, dem Tode bestimmt vor Pilatus stand, das Wort aussprach: „Ich bin König!" — und nur über seinem mit Dornen gekrönten Haupt, an den Pfahl des Kreuzes schreiben ließ: „König der Juden"? So soll denn auch die Kirche, die verachtete, die verurtheilte, die, wie man meint, dem Tode geweihte Kirche ihrer königlichen Würde sich rühmen; und nie wird sie es mit mehr Wahrheit thun, als wenn sie mit ihrem Bräutigam ans Kreuz geheftet ist. Sehet doch, o seht, wie Der am Kreuze gesiegt hat, wie er lebt und herrscht, und wie alle Gewalten im Himmel, auf Erden und unter der Erde vor ihm die Knie beugen! Sein Reich, das Reich seiner Kirche, es ist nicht von dieser Welt, und darum wird die Welt es in alle Ewigkeit nicht zerstören. Ein starker Arm hat es gegründet, ein starker Arm ist ausgestreckt, es zu schützen. Wer wird ihn halten? wer ihn fesseln? O ja, die Völker erheben sich zum Sturme, und denen sie sich in ihrer Blindheit als Führern ergeben, sie rüsten alles zum Kampfe; aber wir dürfen von der Kirche sprechen, wie wir mit dem Psalmisten von ihrem göttlichen Stifter sprachen:

Was toben die Heiden, die wieder zu Heiden ge=

wordenen Christen, und was sinnen die Völker auf Eitles? Es stehen auf die Könige, die Afterkönige der Erde, und es kommen zusammen, die da Fürsten sein wollen, wider den Herrn und seine ihm vermählte Braut. „Laßt uns zerreißen ihre Bande und von uns werfen ihr Joch" (Ps. 2.). Das Gesetz der Gerechtigkeit, das Joch des Kreuzes ist ihnen zur unerträglichen Bürde geworden; sie wollen frei sein. Aber der im Himmel thront, Jesus zur Rechten des Vaters, lachet ihrer, und er, der Herr dem alle Gewalt gegeben, er spottet ihrer. Dann redet er zu ihnen in seinem Zorne, und verwirrt sie in seinem Grimme. Die Kirche aber spricht im Hinblick auf ihn: Ich bin als Königin vom Herrn über Sion gesetzt, seinen heiligen Berg, und verkündige sein Gesetz. Der Herr hat zu mir gesagt: Du bist meine Braut; mit meinem Blute habe ich dich erworben. „Begehre von mir, und ich will dir geben die Heiden zu deinem Erbe, und zu deinem Eigenthum die Enden der Erde." Sie hat begehrt, und sie hat erhalten, sie begehrt noch, und erhält immer von neuem. Eben jetzt, da sich die ungetreuen Völker Europas in tollkühner Wuth wider sie erheben, dehnt sie ihr Reich, als wäre sie im tiefsten Frieden, in allen andern Welttheilen und auf den fernen Inseln des Oceans aus. Du wirst sie, fährt der himmlische Bräutigam fort, du wirst sie beherrschen, wofern sie wollen, mit dem Stabe des Hirten, und sie sollen unter deinem Schutze in der Fülle des Friedens weiden. Aber so sie dir sich widersetzen, will ich deinen Hirtenstab zum eisernen Zepter machen. „Du wirst sie beherrschen mit eisernem Zepter, und wie Töpfergefäß sie zertrümmern." Israel hat den Hirten selber und seinen milden Stab verworfen, und siehe, der eiserne Zepter hat es zerschmettert. So manche Völker Afrika's, Asiens, Europa's haben, des Hirtenamtes der Kirche überdrüßig, sich wider sie empört, und derselbe eiserne Zepter hat sie zertrümmert. O daß die Ueberreste des Judenvolkes, die über den ganzen Erdkreis zerstreut, ein ewiges Zeugniß geben; o daß die Trümmer jener einst christlichen Reiche, die eine Beute des scheußlichen Propheten geworden, daß sie den Völkern, ach Christen, den Völkern, unter denen wir leben, denen wir angehören, die Augen öffneten, damit sie das Loos erkännten, das sie sich bereiten! „Und nun ihr Könige", ihr, die ihr statt der Könige herrschen wollt, „kommt zur Einsicht, die ihr richtet auf Erden, laßt euch belehren!" — Es gibt keinen Anschlag wider den Herrn. Sein Reich soll bestehen, seine Kirche walten; die ihr widerstehen, sie müssen zu Schanden werden. „Der Herr der Heerschaaren schwört und spricht: „Ja, wie ich's gedacht habe, also wird es sein; und wie ich's bei mir beschlossen habe, also wird es geschehen. Ich zerschmettere Assyrien," die Feinde meines Volkes, „in meinem Lande", innerhalb der Gränzen meines Reiches, in dem sie den Gräuel des Heidenthums wieder aufzurichten wagten, „und ich zertrete es auf meinen Bergen. Das ist der Rathschluß, den ich gefaßt über alle Lande, und das ist die Hand, die ausgestreckt ist über alle Völker." (Is. 14, 24.) O Christen, wer errettet vor diesem Rathschluß des erzürnten Gottes, wer schützt vor dieser Hand des allmächtigen Vergelters? „Der Herr der Heerschaaren hat's beschlossen, wer kann es hindern? Seine Hand ist ausgestreckt, wer kann sie abwenden?"

Wohl sind die Rathschlüsse Gottes geheimnißvoll und seine Gerichte verborgen: aber nicht, wenn er sie selber enthüllt. Und er hat ihn enthüllt, den großen Rathschluß, den er über das Menschengeschlecht gefaßt hat. Er hat sein Reich in unserer Mitte gegründet, ein Reich voll Gnade und Wahrheit, ja! — aber auch voll Kraft und Gerechtigkeit; also daß alle, die guten Willens sind, in demselben ihr Heil, aber auch alle, die bösen Willens sind, durch dasselbe ihr Gericht finden. Und diese Offenbarung seiner Gnade und seiner Gerechtigkeit, sie soll in seinem Reiche auf Erden fortdauern, bis sie ihre Vollendung findet, wenn er kommen wird, zu richten die Lebendigen und die Todten. Dann werden bei der neuen Erscheinung des Menschensohnes wehklagen alle Geschlechter der Erde, die Himmel mit großem Krachen vergehen, und die Welt mit allem, was in ihr ist, zu Asche werden. Nur das Reich Gottes, das nicht von dieser Welt ist, es bleibt unversehrt in der allgemeinen Zerstörung. Aus dem Zustande des Leidens und Kampfes geht dann die Kirche über zum ewigen Triumphe, und zur Herrschaft mit Ihm, der ihr im Leiden vorangegangen. — So wollet denn nicht zagen, Geliebte; wir haben ein festes prophetisches Wort, und thun wohl an ihm festzuhalten. „Du bist Petrus," spricht er, „der Fels, und auf diesem Felsen will ich meine Kirche bauen, und die Pforten der Hölle werden sie nicht überwältigen." Mag immer in den Stürmen, deren vollem Ausbruche wir mit bangem Erwarten entgegensehen, der Zorn Gottes über die Menschen, die seine Wahrheit in Ungerechtigkeit niederhalten, sich offenbaren; es offenbart sich in ihnen zugleich die Treue und Güte Gottes gegen die, welche nach der Herrschaft seiner Wahrheit verlangen. Sie werden sie siegen, sie werden sie herrschen sehn! Gott selber befreit sie, seiner Kirche den Sieg verleihend. O so liebet sie denn, die Wahrheit, Christen; umfasset sie mit eurem ganzen Herzen, und vertrauet dem, der sie euch verkündigt hat, euerm Gott und Heiland, auf daß an euch das Wort des Psalmisten erfüllt werde: „Wenn in Bälde sein Zorn entbrennt, selig alle, die auf ihn vertrauen!" (Pf. 2.) Amen.

Anhang.

I.

Ermahnung des hl. Cyprian,

Kirchenvaters und Bischofs von Carthago, der im Jahre 258 als Blutzeuge Christi starb [1].

Als der Feind des Menschengeschlechtes die Götzenbilder, und die Tempel, worin er seinen Sitz hatte, verlassen sah, ersann er eine neue List, um mit Beibehaltung des christlichen Namens die Unvorsichtigen zu täuschen. Er erfand Irrlehren und Spaltungen, um durch sie den Glauben zu zerstören, die Wahrheit zu verfälschen, das Band der Einheit zu lösen. Die er auf dem alten Wege der Blindheit (im Heidenthum) nicht mehr festhalten kann, lockt er heimtückisch auf einen neuen Weg des Irrthums. Er entreißt der Kirche, die ihr angehören; und während diese meinen, dem Lichte schon nahe, und der Macht dieser Welt entgangen zu sein, umgibt er sie, ohne daß sie es merken, von neuem mit Finsterniß. Weder der Lehre noch den Vorschriften des Evangeliums Jesu Christi getreu, nennen sie sich dennoch Christen, und in der Finsterniß wandelnd, glauben sie das Licht zu

---

[1] Lib. de unitate Ecclesiae.

besitzen. Denn der Feind betrügt sie durch Gleißnerei, indem er sich, wie der Apostel sagt (2 Kor. 11, 14), gleichsam in einen Engel des Lichtes umgestaltet, und seine Diener als Diener der Gerechtigkeit erscheinen läßt. Diese nennen die Nacht Tag, das Verderben Heil, führen zur Verzweiflung unter Vorspiegelung von Hoffnung, zum Unglauben unter dem Vorwande des Glaubens, zum Antichristen unter dem Namen Christi, durch Lügen, die den Schein der Wahrheit haben, die Wahrheit selbst untergrabend. — Dies aber, geliebte Brüder, geschieht nur deshalb, weil man nicht auf den Ursprung der Wahrheit zurückgeht, ihre Quelle nicht sucht und die Lehre des himmlischen Meisters nicht beachtet. Denn wo jemand diese beherzigt und er= wägt, bedarf es keiner langen Untersuchung und keiner Beweise: sie gibt uns einen leichten und kurzen Weg an, die Wahrheit mit Sicherheit zu erproben. Der Herr spricht zu Petrus: „Und ich sage dir: Du bist Petrus, und auf diesem Felsen will ich meine Kirche bauen, und die Pforten der Hölle werden sie nicht überwältigen. Dir will ich die Schlüssel des Himmelreiches geben: und was du binden wirst auf Erden, das soll auch im Himmel gebunden sein, und was du lösen wirst auf Erden, das soll auch im Himmel gelöset sein" (Matth. 16, 18. 19). Und wiederum sagt er demselben nach seiner Auf= erstehung: „Weide meine Schafe" (Joh. 20, 17). Auf diesem Einen baut er seine Kirche, und ihm vertraut er seine Schafe zur Weide an. Und ob= wohl er nach seiner Auferstehung allen Aposteln gleiche

Macht ertheilt, und spricht: „Wie mich der Vater ge=
sendet hat, so sende ich euch. Empfanget den hl. Geist.
Wem ihr die Sünden vergebet, dem werden sie ver=
geben; wem ihr sie aufbehaltet, dem werden sie auf=
behalten" (Joh. 20, 21—23); so hat er dennoch, um
die Einheit (seiner Kirche) kennbar zu machen, nach
seinem Rathschluß angeordnet, daß diese Einheit von
Einem (unter ihnen) ihren Ursprung habe. Es waren
freilich die übrigen Apostel dasselbe, was Petrus war,
und hatten gleichen Antheil an der Ehre und der
Macht; aber der Ursprung geht von der Einheit aus,
und es wird dem Petrus der Primat gege=
ben, damit man die Einheit der Kirche Christi
und des Lehrstuhls erkenne. Alle sind Hirten,
und doch ist die Heerde nur Eine, die von allen Apo=
steln mit voller Einmüthigkeit geweidet wird, damit
so die Kirche sich als Eine erweise. —

Diese Einheit der Kirche deutet der hl. Geist im
Hohenliede an, indem er in der Person des Herrn
spricht: „Eine ist meine Taube, meine Vollkommene,
die Einzige ihrer Mutter, die Auserkorne ihrer Ge=
bärerin" (Hohel. 6, 8). Und wer diese Einheit
der Kirche nicht bewahrt, der meint, daß er den
Glauben bewahre? Wer der Kirche widerstrebt und
ungehorsam ist, wer den Lehrstuhl Petri, auf
welchem die Kirche gegründet ist, verläßt, der ver=
traut noch, in der Kirche zu sein? — Lehrt doch
auch der hl. Apostel Paulus eben dieses, und offen=
bart uns das Geheimniß der Einheit, indem er spricht:
„Ein Leib und Ein Geist, Eine Hoffnung eures Be=

rufes, Ein Herr, Ein Glaube, Eine Taufe, Ein Gott" (Ephef. 4, 4—6). An dieſer Einheit alſo müſſen wir feſthalten, müſſen ſie vertheidigen, wir Biſchöfe insbeſondere, die wir in der Kirche den Vorſitz führen, damit wir zeigen, daß auch der Episcopat nur Einer und ungetheilt iſt. Keiner möge euch, Brüder, durch Lügen täuſchen, keiner den wahren Glauben durch Treuloſigkeit verfälſchen. Der Episcopat iſt Einer, obwohl jeder der einzelnen Biſchöfe einen Theil vollſtändig inne hat. Auch die Kirche iſt Eine, wie groß immer die Menge ſei, in welche ſie durch ihre Fruchtbarkeit mehr und mehr ſich ausdehnt. So ſind die Strahlen der Sonne zahlreich, ihr Licht aber Eines, zahlreich die Zweige des Baumes, aber Eine die Kraft, die aus der feſten Wurzel hervorgeht; und wenn aus einer Quelle viele Bäche fließen, ſo möge immer durch die Fülle des ihr entſtrömenden Waſſers eine Vielheit entſtehen, es wird dennoch in dieſer die Einheit durch den Urſprung bewahrt. Trenne den Strahl vom Körper der Sonne, die Einheit des Lichtes wird deshalb nicht getheilt; brich einen Zweig vom Baume, er wird keine Frucht mehr bringen; ſcheide den Bach von der Quelle, und er trocknet aus. So ſtrömt die Kirche des Herrn ihr Licht und ihre Strahlen über den Erdkreis aus; aber das Licht, das überallhin ſich verbreitet, bleibt Eines, und die Einheit des Körpers wird (durch die von ihm ausgehenden Strahlen) nicht getheilt. In der Fülle ihrer Fruchtbarkeit dehnt ſie ihre Zweige über die ganze Erde aus, und verbreitet weithin die ihrem Schooße entſtrömenden Bäche. Aber nur Eine iſt die

Quelle, nur Einer der Ursprung, nur Eine die an Kindern reiche Mutter. Aus ihrem Schooße werden wir geboren, mit ihrer Milch genährt, von ihrem Geiste belebt. Die Braut Christi kann nicht ehebrecherisch werden (von Christus und seiner Lehre nicht abfallen); — sie ist unversehrt und keusch. Nur Ein Haus kennt sie, und mit züchtiger Schaam hält sie heilig das Eine Gemach. Sie bewahrt uns unserm Gott, und übergibt die Kinder, die sie gebar, dem Reiche (Gottes). Wer immer von der Kirche sich trennt, und einer Ehebrecherin (einer Sekte) anhängt, wird von den Verheißungen, welche die Kirche hat, ausgeschlossen. Denn wer die Kirche Christi verläßt, wird keinen Antheil an dem Lohne Christi haben. Er ist ein Fremder, ein Unheiliger, ein Feind. Denn der kann Gott nicht zum Vater haben, welcher die Kirche nicht zur Mutter hat. Wenn Einer, der außerhalb der Arche Noah's war, (dem Tode in den Fluthen) entrinnen konnte, dann mag, wer außerhalb der Kirche ist, (dem ewigen Verderben) entrinnen. Der Herr mahnt und spricht: „Wer nicht mit mir ist, der ist wider mich; und wer nicht mit mir sammelt, der zerstreut" (Matth. 12, 30) . . . .

Der Herr hat uns in seinem Evangelium in Kürze den Weg unserer Hoffnung und unseres Glaubens gezeigt, indem er sprach: „Der Herr dein Gott ist Ein Gott; und du sollst den Herrn deinen Gott lieben aus deinem ganzen Herzen, aus deiner ganzen Seele, aus aller deiner Kraft. Das ist das erste Gebot, und das zweite ist ihm gleich: Du sollst deinen Nächsten lieben wie dich selbst" (Marc. 12, 29—31). „An diesen zwei Geboten hängen das ganze Gesetz und die Propheten" (Matth. 22, 40). — Er hat uns die Einheit und die Liebe gelehrt, indem er alle Propheten und das Gesetz in diese beiden Gebote zusammenfaßte. Welche Einheit aber bewahrt, welche Liebe legt jener an den Tag, der, von der Wuth der Zwietracht ergriffen, die Kirche Christi spaltet, den Glauben zu Grunde richtet, den Frieden stört, die Liebe vertilgt, das Sacrament entweiht? Dieses Uebel, getreueste Brüder, fing schon früher an; aber jetzt hat die unheilvolle Seuche zugenommen, und das giftige Verderben des Irrglaubens und der Spaltungen erhebt und verbreitet sich immer mehr. Denn so muß es, wenn die Welt untergeht, geschehen! der hl. Geist hat es durch den Apostel vorherverkündigt: „In den letzten Tagen werden gefährliche Zeiten kommen. Denn es werden die Menschen voll Eigenliebe sein, habsüchtig, prahlerisch, hoffärtig, Lästerer, den Eltern ungehorsam, undankbar, lasterhaft, lieblos, unfriedsam, verläumberisch, unenthaltsam, grausam, schonungslos, Verräther, muthwillig, aufgeblasen, die Lüste mehr liebend als Gott; die zwar einen Schein der Frömmigkeit haben, aber die Kraft derselben verläugnen: und diese meide! Denn von diesen sind jene, welche sich in die Häuser einschleichen, und Weiblein entführen, die mit Sünden beladen von allen Lüsten getrieben werden; die immer lernen und nie zur Erkenntniß der Wahrheit gelangen. Gleichwie aber Jannes und Mambres dem Moses widerstanden, so widerstehen auch diese der Wahrheit: Menschen verdorbenen Sinnes, unbewährt im Glauben; sie werden es aber nicht weiter treiben; denn ihre Thorheit wird allen offenbar werden, wie es auch jenen erging" (2 Tim. 3, 1—9). Alles dies, was vorhergesagt wurde, geht in Erfüllung, und bei dem nahenden Weltende werden die Menschen und die Zeiten der Prüfung unterworfen. Der Feind wüthet, und mehr und mehr betrügt der Irrthum, entzündet der Neid, verblendet die Gier, verschlechtert die Gottlosigkeit, bläht der Stolz auf, erbittert die Zwietracht, reißt hin der Zorn. Doch erschüttere und störe uns nicht der gar zu große und jähliche Abfall vieler, vielmehr stärke es unsern Glauben, daß hierin sich eine Weissagung erfüllt. Gleichwie einige anfangen, solche (wie sie der Apostel beschrieb) zu sein, weil das vorhergesagt war; also mögen die übrigen Brüder vor ihnen sich hüten, weil auch das vorhergesagt ist. Denn der Herr warnt uns, (von denselben Zeiten der Verführung) sprechend: "Ihr also sehet euch vor. Siehe, ich habe euch alles vorhergesagt" (Marc. 13, 23).

II.

Gebete für die Kirche,
gutgeheißen von Sr. Heiligkeit Pabst Pius IX.

1.

O Herr, ich empfehle Dir die heilige Kirche, Deine Braut und meine Mutter. Erinnere Dich, daß Du

Dein göttliches Blut vergossen hast, damit sie heilig sei, ohne Makel und unbefleckt. Möge es Dir also gefallen, o Herr, sie zu reinigen, indem Du alles Aergerniß und alle Sünde in ihr ausrottest. Dulde nicht, daß sie bedrückt, noch daß sie schmählich erniedrigt werde. Regiere sie, erhalte sie, erhöhe sie in allen Völkern, und verbreite sie über den ganzen Erdkreis.

Daß Du Deine heilige Kirche regieren und erhalten wollest, — wir bitten Dich, erhöre uns!

Vater unser. Gegrüßt seist Du, Maria. Ehre sei dem Vater.

2.

O Herr, habe Mitleiden mit der unglücklichen Christenheit. Sie ist ja der Acker, auf dem Du und Deine Apostel den Samen der evangelischen Lehre ausgestreut haben. Aber sieh', wie viel Unkraut unser aller gemeinschaftlicher Feind darüber gesäet hat. Ach, wie viele Völker, wie viele Länder sind von der Seuche der Irrlehre angesteckt! Und wer kann es ausreuten, dieses böse Unkraut, das mit immer mehr Uebermuth die gute Saat der katholischen Wahrheit zu erdrücken sucht? Kein Anderer vermag es als Du, der Allmächtige. Demüthige denn die Irrgläubigen, die Deine Kirche beunruhigen und betrüben; gib, daß aller Irrthum verbannt werde, und das ganze Menschengeschlecht mit lebendigem Glauben sich Dir ergebe, Dir anhange, und nie sich von dem entferne, was Deine Kirche zu glauben und zu thun vorschreibt.

Daß Du die Feinde der heiligen Kirche demüthigen wollest, — wir bitten Dich, erhöre uns!

Vater unser. Gegrüßt seist Du, Maria. Ehre sei dem Vater.

3.

Herr! Du hast bei Deiner Geburt der Erde den Frieden gebracht, und durch die heiligen Engel ihn den Menschen verkündigen lassen. Ach, wie sehr bedürfen wir jetzt desselben! da es scheint, daß die Christen ihre Waffen nur noch gegen ihre Brüder zu gebrauchen wissen! O Fürst des Friedens, wir bitten Dich, flöße den christlichen Fürsten den Geist der Einigkeit und der Eintracht ein. Versöhne und vereinige ihre Herzen durch das Band der christlichen Liebe, damit sie alle vereint die katholische Religion wider ihre Feinde schützen, und ihre Unterthanen nach Deinem heiligen Willen regieren.

Daß Du den christlichen Königen und Fürsten Frieden und wahre Eintracht verleihen wollest, — wir bitten Dich, erhöre uns!

Vater unser. Gegrüßt seist Du, Maria. Ehre sei dem Vater.

Gebet für den Pabst.

Höchster und ewiger Hirt, Jesus Christus, ich empfehle Dir Deinen Statthalter auf Erden, unsern hl. Vater, den Pabst. Regiere ihn, erleuchte ihn, stärke ihn, stehe ihm bei, daß er die heilige Kirche in allem nach Deinem Wohlgefallen gut regiere.

℣. Lasset uns beten für unsern Pabst Pius.

℟. Der Herr behüte ihn und erhalte ihn beim Leben, und mache ihn selig auf Erden, und übergebe ihn nicht der Macht seiner Feinde.

Vater unser. Gegrüßet seist Du, Maria. Ehre sei dem Vater.

Gebete zur Zeit der Trübsal.

Herr, heiliger Vater, blicke herab von Deinem Heiligthum und dem erhabenen Wohnsitz des Himmels, und schaue gnädig das hochheilige Opfer an, das Dir unser heiliger und schuldloser Hoherpriester, Dein geliebter Sohn, unser Herr Jesus Christus, für die Sünden seiner Brüder darbringt. Nimm an die Sühne für die Menge der Missethaten der Welt. Siehe, die Stimme des Blutes Jesu, unseres erstgebornen Bruders, ruft zu Dir vom Kreuze. Erhöre uns, o Herr, laß Dich versöhnen, achte auf unser Flehen und hilf uns. Um Deiner selbst willen säume nicht, Du unser Gott: Dein Name ist über dies Haus und diese Stadt und über Dein ganzes Volk angerufen: thu' uns nach Deiner unermeßlichen Barmherzigkeit. Durch denselben Christum, unsern Herrn. Amen.

℣. Daß Du uns zur wahren Buße führen wollest:

℟. Wir bitten Dich, erhöre uns.

℣. Daß Du, o Herr, dieses Haus und diese Stadt und Dein ganzes Volk beschützen, beruhigen, be=

wahren und mit Milde und Barmherzigkeit an=
schauen wollest:

℟. Wir bitten Dich, erhöre uns.

℣. Durch die heiligsten Geheimnisse der Erlösung des Menschengeschlechtes:

℟. Mögen Deine Erbarmungen uns eilends zuvor= kommen; o Herr, verschone Dein Volk.

℣. Durch die Verdienste und die Fürbitte Deiner heiligsten Mutter und aller Engel und Heiligen:

℟. Mögen Deine Erbarmungen uns eilends zuvor= kommen; o Herr, verschone Dein Volk.

℣. Heilige Maria, ohne Sünde empfangen, und ihr, alle Engel und Heiligen, bittet für uns beim Herrn:

℟. Auf daß seine Erbarmungen uns eilends zuvor= kommen, und er sein Volk verschone, damit wir alle uns bei ihm in Ewigkeit erfreuen. Amen.

Allmächtiger und barmherziger Gott, immer und in allen Stücken geschehe Dein heiligster Wille nach Deiner unendlichen und ewigen Barmherzigkeit. Durch Christum, unsern Herrn. Amen.

Fromme Meinung und Aufopferung.

Ewiger Vater, in Vereinigung mit allen himmli= schen Heerschaaren und den heiligsten Herzen Jesu und Mariä bringe ich Dir für die ganze Ewigkeit das kostbarste Blut Jesu Christi, seine unendlichen Ver= dienste, und die Verdienste der Kirche, als das Dir von Ewigkeit wohlgefällige Opfer dar, zur Tilgung unse= rer Sünden und der Sünden der ganzen Welt, für die Befreiung aller armen Seelen aus dem Fegfeuer, zur Danksagung für alle gegenwärtigen und zukünftigen Wohlthaten, nicht anders, als hättest Du uns und allen, die auf Erden leben, alle die Gaben Deiner Gnade und Barmherzigkeit schon gewährt, welche zu Deiner größeren Ehre und zur größeren Heiligung aller Seelen in der gegenwärtigen Trübsal gereichen, obwohl wir die Geißel Deines Zorns verdient haben; und als wenn Du bereits aus der ganzen Welt Einen Schafstall und Einen Hirten geschaffen hättest; auf daß wir, alle im Glauben, in der Hoffnung und in der Liebe Jesu Christi auf Erden lebend, alle einstens Deine göttlichen Erbarmungen im Himmel ewiglich preisen. Amen.

Se. Heiligkeit Pabst Pius IX. hat am 6. August 1848 auf die Bitte des frommen Priesters Vincenz Palotta (siehe das Vorwort zu dieser Schrift) allen Gläubigen, so oft sie vorstehende Gebete mit der frommen Meinung und Aufopferung verrichten, einen Ablaß von sieben Jahren und sieben Quadragenen, und denen, welche diese Andachtsübung während eines Monats täglich anstellen, einen vollkommenen Ablaß verliehen, wofern sie nach würdigem Empfange des Buß- und Altarssacraments nach der Meinung Sr. Heiligkeit beten. — (Decreta authent. S. Congr. Indulg. pag. 508. Decr. DCV.)

Z. G. E. G.